JN241162

# あの頃、
# 僕の高校生日記

古江 康二

東京図書出版

# まえがき

本書は私が高校生だった一九七五（昭和五十）年四月から、一九七八（昭和五十三）年三月までの三年間につけていた日記を本にまとめたものです。

私が通っていた高校は地方都市にある普通科の高校でした。ただ私が普通の高校生と違っていたのは下宿生活を送っていたということです。家から通学できる高校も何校かありましたが、希望する高校がバスを乗り継いで二時間近くかかってしまうので下宿することにしました。

私の高校では生徒の一割近くが下宿生活を送っていて、それぞれが一つの下宿屋さんで五名から十名程の共同生活を送っていました。

現在は学校ごとに寮があり、何十名もの大人数が厳しい規則のもとで生活するという様子ですが、当時は大家さんによって雰囲気の違う、朝夕二食の賄い付きの下宿が幾つもありました。そんな中で、私の下宿は男女が一つ屋根の下で暮らす数少ない下宿でした。

親元を離れ、入学当初はクラスに友人も少なく、寂しかったのだろうと思います。入学して五月から、誰かに話しかけるように日記を書きはじめました。下宿にはテレビがなかったので、暇を持て余していたのも日記を書く動機になったのかもしれません。

今回、日記をまとめて出版しようと思ったのは、長年勤めた職場を健康上の理由（心臓が悪かったのですが、今はほとんど良くなりました）などで早期退職したことに始まります。

昔から時間ができたら本を出したいという思いがありました。しかし、何かを書こうとしても筆があまり進みません。何十年も文章などをほとんど書くこともなく、目も手も腰もすぐに疲れて、本を出すなんてとても無理だと感じていました。

その時、高校時代に日記を書いていたことを思い出し、押入れから捜して読んでみました。思っていたよりも、高校時代の自分が前向きで多感だったことに驚くとともに、当時のエピソードをおもしろく感じ、自分の書いた日記を本にまとめて、いろいろな人に読んでほしいと思うようになりました。

日記は毎日書いたり、月に数日しか書かなかったりといろいろな時期がありましたが、約四百編ほど書いた中から百三十五編を掲載しています。おもしろそうなもの、比較的まとまっているもの、読んでほしいものや当時の状況がよくわかるものなどを選びました。選んだのは全体の三分の一ほどですが、同じような内容や気持ちを繰り返し書いているものが多くあるので、内容的には八割以上をカバーしていると思っています。

誰かを悪く書いていないか少し心配しましたが、意外なことにそういうものはほとんどありませんでした。しかし、いろいろなエピソードが出てきますので、登場する同級生や先生方の氏名、高校名などの固有名詞は全て仮名にしています。

そして、各項の表題は半分は当時つけたものですが、カッコをつけたものは今回の出版に際して、何が書いてあるのか一目で解るように新たにつけたものです。

また、理解しづらい表現（例えば方言など）や、誤解されそうな表現、著作権やプライベートにかかわることなどは修正、削除したこともつけ加えておきます。

しかし、九十九％は原文のままです。


当時の時代背景は比較的、現在と似ている気がします。市民の生活は特別、良くも悪くもないという感じで、当時は石油ショック、現在はリーマンショックがあり、経済の混乱が尾を引くような状況でした。現在は企業の景気は良いようですが、従業員の給料は上がらず、非正規雇用が増え格差も広がっています。私には四十年ほど前よりも家計の苦しい生徒が増えているように見えます。

その頃は一億総中流などと言われた時代ですが、私の悩みの一つが家の経済的苦境でした。

そして、もう少し私達の時代と比べてみると、私達の生まれた１９６０年前後の出生数は約１６５万。現在の高校生が生まれた２００２年頃は約１１５万と30％ほど出生数も減っています。兄弟の数が減り、一人っ子も増えたものと思います。

高校進学率は私達が進学した１９７５年頃は92％前後で、現在は96％前後とあまり変わりませんが、大学や短大への進学率は40年程前の38％前後から、現在の56％前後へと大きく伸びています。

生活の中で私達の頃と確実に違うのは、携帯電話やスマートフォン、インターネットの存在です。細かく言えば違いは幾つもあるかもしれませんが、私達の頃も現代も平和で豊かになり、そんな時代に青春を過ごしたことは共通していると思います。

それでは、地方都市に暮らす男子高校生が、勉強や進路、家の事情や家族との関係、友情や恋など、様々な悩みを抱えながら一喜一憂する日常を記した本書を、それぞれの方の高校時代に重ね合わせて読んでいただけたらと思います。

# あの頃、僕の高校生日記◇目次

# 高校一年生

## 1（日記帳）

5月6日㈫

長く充実してない三日間の連休がすんで、今日は授業があった。とてもつまらなかった。現国はいつ読まさせられるかハラハラしていた。結局は全然、読まなかった。オレッテダメダナ。みんなの前で本を読むのにキンチョーするなんて。明日は国鉄などのストがあるらしくて、少数の人が学校を休むようだ。今日、今、書いている日記帳を五百五十円で買ってきた。前ページのは前の日のやつを思い出して書いたんだ。

十年後、二十年後、この日記を見た時、

非常になつかしく、楽しく思えるだろうから、これから毎日書くようにするつもりだ。今、一番、興味あることは大学についてだ。なんとかして「国立大学法学部」へ入りたいな！

## 2 （フォークダンス）

5月27日

今日から席が変わった。僕はもとどおり、一番前の席になった。でも、うしろを見たところ上田さんがいたのにはおどろいた。なんか僕を意識して来たみたい（自信過剰？）。

また、今日フォークダンスをやった。はじめの三十分ほどは、みんな、てれてボケーと立っていたが、そのうち、なんとなくダンスがはじまった。うまくはやれなかったが、非常にたのしかった。人によってバラバラだったので、ようりょうがよくわからなかった。上田さんともやったが、こうやって並んでみると、見た目より背の低いのにおどろいた。

それから今日、川原さんが変なことを言った。「私は古江君のファンクラブの会長なの」

さてはおれをからかっとるナ！　もう高校というところはワケがわからねえや。

中間テストの結果はマアマア。すべての教科について平均より五点はよかった。しかし数学はドジをしてしまった。

## 3（入学2カ月）

5月31日

もう五月もおわろうとしている。東高生としてここへ入学して、早くも二カ月の月日が水のごとくに流れさっていった。今、考えてみると、あの入学当初の不安がうそのようである。中間テストも終わった。「クラス平均＝67・5、自分の平均＝76」でまあまあのところだった。東高へ悪い成績で入った僕としては非常にうれしかった。また、友人ともな（慣）れた。皆「我が良き友よ」だ。

一学期も半分終わった。早いものだ。実力テストが終われば、すぐ期末。それが終わり二週間もすると夏休み。ああ、この時の流れ。その時々をせいいっぱい生きなければならない。

「人生、同じことを二度やれるほど長くはない、やれる時にやれ！」

## 4（もうすぐ16歳）

6月1日

今、僕は十五歳。そして、もうすぐ十六歳になる。東高一年生だ。今まで、何の気なく生活してきたが、僕は今、もっとも青春という名に近いときにいるのだ。今、高一。もっともやりたいことがやれ、もっとも明るく、活発に活動できる、人生で一番すばらしい時なのだ。

しかし、このひとときも十年もすれば消えてしまう。十年なんてすぐに、すんでしまう。今、自分のもっともやりたいことを目標をもってやることだ。今の目標は時間をむだにせず、勉強に、運動に、友達に、恋に、また遊びに、すべてに全力を尽くして、くいのない時をすごすことだ。

このすばらしい青春は二度とは帰ってこなインダ！

## 5 （クラス新聞）

6月6日

もうあと四日ほどで実力テストが実施される。中間や予習、課題で手一杯でまだあまりやっていないので、どうしようかと困っている情けない状態である。ともかくあと四日がんばろう。

今日は新聞を作った。大津さん、田安さん、和夫君と大原君、丸尾君とよくやってくれた。特に大津さん田安さんはよくやってくれた。アリガトウ。

でも僕が一番頑張ったみたい！

## 6 （それぞれの好み）

6月12日

今日はいろいろなことがあった。三田は花野さんが好きで、大沢は羽田さんが好きだそうだ。人それぞれの好みですナ。

それから今日、班でR(英語読解)のノート提出が悪かったので、津山さんには僕のノートを見せてあげ、小寺君とは夜の九時まで、井原先生と岩中君とともに生徒指導室で勉強した。そのおかげで下宿へ帰ってきて、十一時までねてしまった。
もっと勉強しなくては――。

## 7 (先生がんばれ)

6月13日

今日は下宿訪問があった。左近先生や、よくわからないが川名とかいう先生が来た。部屋は見られずにすんだ。ウシシシシ――。

あとはべつにたいしたことはなかったが、そういえば実力テストの左近先生の科目だけども、わが一年D組の平均43点。A組は45点、B組は41点。ところがE、F、G組は50点台がほとんどとか。それに満点もいたそうだ。驚異。

左近先生、ガンバッテチョーヨ!

## 8 (悩ましい日々)

6月20日

月曜日に集金二千円どうしよう。もう集金を出してしまえば五百円たらず。川口のバーサンのところへ行ってもらってこようか。家に帰ってもらおうとすると、ガミガミうるさいし。

あ〜あ、お金がほしい。


僕は今、十六歳。

将来、何になろうか。弁護士になりたいが、なれないだろうし、司法書士、税理士、なかなかむずかしい。

また、本当に東高へ来てよかったんだろうか。入ろうとすれば、南高だってなんとか行けたはず。道をまちがえたのでは……。いろいろ考える。社会について、また将来について。

そして人間は若いころは、とても心理面で起伏がはげしい。単純なんだ。悲しければ大泣きし、うれしければ友ととびあがって喜ぶ。また、友だちの背中に氷を入れたり（今、はやっている）、冗談言ったり、本当に楽しくおおっぴらである。それが鈍ってくる。たいして悲しみも喜びもしない。また、おかしなことをしたり、ふざけたりしない。

友人との関係も、自分のことを中心に考えてつきあっている。いやだな……そんな人になるの。これぱっかしはどうあがいても、僕もいつかはなるんだ。でも友だちの背中に氷入れたり、いすをとってころばせたり、ジョーク言ったり、楽しいよな。

やっぱり青春は、すばらしい。

## 9 (夕日)

7月18日㈮

ああ夕日がきれいだな。黄色い光を放ち、すぐそこの山にかくれようとしている。夕日の周りを見ると、小さな人間が作った小さな車がせわしく走っている。

夕日は大きいなあ。自然は大きく、すばらしいなあ。ああ、こうやって見てみると夕日は、半分沈んでいるんじゃあないか。まわりの灰色の空を新鮮なオレンジ色に染めて。そして、車、家、木、すべて黄色く照らしだされている。こんな美しい新鮮な光景を見ていると、つい、口ぶえをふきたくなっちゃうんだなー。

ああ、一日中、人々に生命のすべての元である大切な光を与え、人々を苦しくもまた悲しくもしてきた太陽。また人々に喜びや、楽しみを与えてきた太陽も、もう新鮮なオレンジ色から、茶色っぽいオレンジ色になり、この世と別れ、力いっぱいにすべてをてらし出している。また明日やってこいよ。朝日となって。オーイ、夕日。サヨウナラ。

## 10 (補習)

7月26日

今日も朝から補習に出た。数学が香川先生になり、少し心配していたが、たいしたことはなかった。補習の楽しみはなんといっても女の子にあえること。下宿にいて、学校へ行く用意をするときなんか、すごく楽しい。でも学校へつくと、ブスーとだまったりして矛盾してるよな。補習のあとは、近田と駅前へ行った。なんと五時まで時間のむだ。勉強しよう。

古典に今、二時間以上かけている。英語もがんばらなくっちゃ。

## 11（夏休み）

7月30日

今日は一時から四時まで、プールで泳いだ。久しぶりに加山なんかも泳いで楽しかった。二十五m無呼吸潜水、とてつもなく苦しかったが、なんとかできた。

みんなでプールの中を走りまわったり、ビート板をぶつけあったり、水をかけたり、女の子の話をしたり、やっぱり青春、友、学校生活は楽しいなとつくづく思った。健康でなかったら、こんなことはできないし、世界の平和がおかされたら、こんな幸福はありえない。

ああ、この幸福永遠に……。

## 12（青春の一ページ）

8月5日㈫

今日もプール当番であった。プール当番の後、けい光とうを買いに行った。電器屋から下宿までの坂の所で津山さんと橋田さんに会った。百mほど向こう側に女の子の姿が目にうつった。

「なんだ、またか。どんな顔して行こう。いやだな」と思って行った。十mほどの所で津山だと気付いた。するともう一人は橋田さんかなと思われた。

「あ！　古江君じゃない」と津山が言った。迫ってくる二人を見て、急に胸の高鳴りを感じた。「どこへ行ってきたの」とまた津山。「うん」と一言、言った。しかし、息がつまってやっとこさの一言だった。「ああ、駅前へ」と無意識に言ってしまった。かなり動揺していたのだろう。橋田さんは何もしゃべらずにいた。でも、その僕の動揺を誘ったのは彼女であった。

僕は津山さんを見ていたが、僕は一人だったから、彼女（橋田さん）は僕を見ていたのだろう。彼女どう思ったんだろう。彼女たちの一mほど前へ来た時、「古江君、まっ黒じゃんか」と津山が言った。僕は少し笑った。ただそれだけであった。そして足にまかせて僕と彼女たちは、少しずつ離れて行った。

「ああ、あそこでたちどまって話をすればよかった。こんなチャンス、めったにないのに」と少し後悔した。しかし彼女を発見した時の動揺は、なんだったんだろう。そんなことで、おじけづくような僕ではないのに。

彼女たちから遠ざかって行くにしたがって、僕の心の動揺はおさまっていった。しかし希望はますばかりであった。

青春の一ページより。

## 13 (永遠の原理)

9月8日(月)

きのう、バスの中で木田君と勝矢君と保美、雄斗、ゴリ(みんな中学の同級生)に会ったが、みんなむっすりとしていた。しかし雄斗にはひさしぶりに会ったが、髪が長いのでおどろいた。バスから降りて、いろいろ木田君と話をしたが、僕一人でペラペラと矛盾していることばかり話をしたように思う。もう少しまとまった話を落ち着いてするようにしたいものだ。そろそろ落ち着きがあってもいい年だから。

話は変わるが今日、家で学生特集というのを見た。みんなでまるくなって話をしているんだが、中学生や高校生、みんな集まって話し合っていた。たいへん参考になった。自分が現在、直面している問題ズバリだったように思えた。高校格差などの学歴的けんかいや、学校生活、恋、クラブなどいろいろ。楽しい話や悩みの話。悩みといったって、高校生にとっては結局、幸福の一つなのかもしれない。片思いであり、いつも相手の事を考えて、自分の顔はとか態度はとか悩んでばかりいる。それが両思いになってしまうと、今までの妄想のようなものが一瞬にして消え去ってしまい絶望してしまう。テレビでも言っていたが、恋に恋してしまうということだ。でも、やっぱり女の子は好きだもんネー。うへへへ……。

高校生活へ入って、早くも半年が過ぎてしまった。時間よ止まれ。いや、それでは自分はずっと永遠に万年筆を持ったまま、すわっていなきゃあならない。だから宇宙の時間は逆もどりして、地球の時間がすすんでいけば、⊖⊕＝0で時間はすぎないことになる。そうすれば、ずっと友だちと話をしたり、いっしょに本屋に行ったり、女の子と遊んだり、テストの結果をくやしがったり、先生を困らせたり、氷を持ってきて友達の背中に入れたり……、高校生活の楽しさを取りあげたら数えきれない。それほど学生生活はすばらしいと思う。交通事故なんかにあいたくない、原爆なんかで死にたくない、金なんて使うだけありさえすればいい、ずっと年を取らずにみんなといっしょに勉強したり、遊んだりしていたい。

ああー神さま（すべての）、世界の人々を幸福にして下さい。今日、お線香あげるのを忘れました。ごめんなさい。来週の日曜には必ず、あげさせていただきたいと思います。忘れそうになったら思い出させてください。本当にごめんなさい。

ああ、この幸福、永遠に。

ちょっと感傷的よ！

### 今は永遠の原理

宇宙時間（－）＋地球時間（＋）＝0

## 14（時は金なり）

（9月10日頃）

今日は夜、佐藤君の部屋に行ったが、なんとなくしっくりといかない。話がチグハグで白ケててバカみたい。なんとなく佐藤君の部屋へ行きたくなくなった。変な奴だなと思うようにもなった。

今日、実力テストを半分ほど返してもらったが、どれと言って特にいいのはなかった。古典は平均14・8の二倍30以上でまあまあだったが、数学が平均より8点ほどしかよくなくて残念だった。三田は数学が平均の二倍の１３５ぐらい。驚いた。僕もこれから数学に英語、古典、主要三教科に集中して勉強やりたいと思う。三田や加藤なんかに負けてたまるか！

最近、席かえをしたが、お昼の弁当の時間に、下西さんなんかが我輩のすぐ近くというより、我輩の席を取って友だちと我輩の近くで食べているので、なんとなくウレチイ。

しかし、あの女は一見、美人のようであるが、ヨ～ク見るとネ……ネ……ネ。

河繁さんも結構いいと思うけど、宇田陽子みたいな髪の女の子がいいなー。大事な高校生活を大切に一日一日を確実に意義のある心に残るようなものにしたい。もちろんクラブ（水泳）もやるぞ。おもいっきり泳ぐととっても気持ちがいい。でも下宿へ帰るとすぐ寝ちゃうからなあ。勉強がおろそかになってしまうし。

でも勉強に女の子に、クラブに遊びに、すべてをやりたい。勉強は一年生中に二〇番を確保することクラブはなるべく出て、練習らしいものをやること。遊びと女の子は、まあネ、適当に——。

時は金なり。

## 15（人間関係）

9月23日

人間関係について思う。僕は今、一年D組の生徒の一人である。友だちもたくさんいる。だけども、ろくにあいさつもしないような奴もいる。あたり前かもしれない。でも、いつも比較的、親しい子ともなんとなく無視したり、あいさつをしなかったりする。二年生になって、クラスがバラバラになった時、時たま廊下で会って意識しながらも無視をする。そんな光景が頭に浮かんでくる。しょせん人間というのは、そんなものかもしれない。人間は、その時々に友だちを求め、その時が終われば、その友だちは自分と遠い存在の人物になり、いつのまにか、その友だちの影は新しい友だちの影にかくされてしまう。

そして、別れの時に思った、あの悲しさも忘れ、また新しい環境に適応していく。僕の場合で考えると、中学時代あれほど仲のよかった足立君なども、もうすでに遠い存在となってしまっているし、好きだった女の子にもたいして会いたいとか、そんな気もしない。それは高校での新しい友だちに、とって変わってしまったのかもしれない。

人間なんて、たいへんな感情的動物でありながら残酷動物でもあるのだ。人間の人生は約75年。高校時代の三年間の友だちなんて、人生の25分の1を満たしてくれる存在なだけなのか。僕はそうは考えたくない。前田だって吉川だって知り合って半年もたたないのに、無意識の内に何十年来の友だちのような錯覚におちいってしまう。それはすぐ友だちになれるという若者の特権かもしれないが、やはり人間の脳の切りかえには純情もあり、残酷もあり、なんとなく人間関係のさびしさを感じる。

## 16（学年一の美人）

9月23日

今日、草取りをやったが、中河良美さんを見に行こうということで、バカみたいに男十人ぐらいで、G組が草を取っている所へ行って草取りをした（カッコウダケ）。メンバーは三田、松山、川中、中井、和夫、沢原、俺ぐらい。俺はうしろから中井と見ただけだが、沢原や三田は前から堂々と。そこへ中河さんの親友、青山が来て、「D組の男の子、こんな所でなにやってるの。井原先生が男の子、where（どこ）へ行ったたって、おこってたわよ」と言った。男共、みんな、その声にギクッとして、おったまげた。あわてず騒がずに、ゆっくりと退散、退散。みんなの感想は、「なんだ、あんな女、どこにもころころしてらあ」だって。それ本心かな〜。よく見えなかったから、また見に行こう。

## 17 （あせり）

9月26日㈮

友保さんが今日、男の人といっしょに歩いているのを佐藤君が見たそうだ。いろいろ考えさせられた。高校一年生にもなると、もう男の人といっしょに歩いたりするのかな。それも全部、年上の人と。江田も前に本屋の前で三年生の人といっしょにいるのを見たし。世の中も人も全然わかんないな。人間なんて、しょせん自分独りなんだなーって、つくづく思う。付き合いたい奴は、僕がどうしても止めるわけにはいかない。でも、みんなスゴイョー。田舎者だから、こうなのかな。でも、きっと友保や江田と付き合うのは、ろくな男じゃあないに決まってるよ。あいつら恋愛のことばっかり考えて、少しでも早く恋人を見つけようとしてるみたい。

「残り物には福がある」っていう有名なことわざもあるしネ。じゃあ、おれもいっちょやるかな～。とかいって、そんなに女の子なんかと歩きたいとも思わないし。でも二年か三年になったら、きっとネ、ネ、ネ……。カワイコチャンと、ネ、ネ、ネ……。

世の中広いョ。そんなことクヨクヨ考えてどうする。もっと神経質にならないで、世間を広く見て広く生きようョ。ナァ、康二君ョ。

世の中、金ばかりがすべてじゃあないけど、金がなくちゃあなんにもなんない。人生というものをよく考えて、自分の道をよく考えてみよう。今のところは法学関係の仕事なんかをやりたいと思っている。
運命は自分で切り開くものだと僕は思う。

人生はわからぬものと
人間は孤独であると
思ひたりし夜

## 18 〈金欠〉

9月28日(日)

今日は日曜で家へ帰ったが、ジジイ（父）とケンカをして下宿へ帰ってきた。金はないし、すぐおこるし本当に頭に来る。金が三千円ほどしかなかったので、とこ屋にも行けず髪は伸びほうだい。気になってしょうがない。こういう時に、お金がほしいなーとつくづく思う。お金ばかりが人生だとは思わないけれども、お金がなくてお金の心配ばかりしていたら余裕がなくなり、すべてが悪く見えてくる。
「健全なる人生精神と幸福感は健全なる生活基盤の上にある」と思うのである。

# 19 （衣替え）

10月1日

今日は衣替えの日で、真っ白のカッターシャツともお別れして真っ黒の学生服に変わった。見なれず、着なれないためだろうか、妙に変な気がする。でも僕としては学生服のが黒くて、僕に似合うと思う。実はずっと前から早く学生服になれって思ってたんだ。僕が学生服を着るとどっかのチンピラみたいだってみんながいう。なんとなく自分もそんな気がしてきた。

女の子は白が黒になって、黒が白になっただけだから、あんまり変わんないみたいだけど、なんだか、その人の特徴がズバッと現れてきたみたい。橋田さんも以前と同じように、すごくかわゆ〜いの。今度、いつか話をしてみようっと。橋田さんとはいつも昼のパンを買いに行く時にあう。ちょっと目つきが変わってるけど、すごくいい子みたい。

三時四十分から視聴覚教室で去年の文化祭の八ミリ（視聴会）があったから、みんな見に行ったけど、すごく楽しい雰囲気だった。フィルムを回し終わったところで、反対にフィルムを回したもんだから、うしろ向きに走ったり、カメンライダーになったり、すごくゆかいだった。

すぐ僕の前に佐々木や上田、その前に下田さん、岩中さんなんかがいた。となりにはいつもの連中、三田をはじめとした男ども。それで、みんなもうゲラゲラ笑ってた。新しい三田の友だちの前田さとる君とも仲よしになった。青春はすばらしいなとつくづく思った。このまま時がすぎていかないといいなーなんて思った。

さあ、あしたからまた、黒ボタンのついた我が東校の制服をきて、ガンバロウ。

一句
青春は　悩みがあれば　とおりすぎ
なき時は　かみしめ歩く　若者の夢

## 20（冷や汗）

10月2日

今日は7時35分に起きて補習に行った。ろくに歯もみがかずに飛び出たが、まだみんな来てないような状態だった。あわててもろくなことはない。（下宿の）おばさんが見かねて、今度からはもっと早くおこしてくれるそうだ。たすかるー。でもやっぱり下宿はさびしい。やることはあんまりないし、みんなみたいに食べたい時に食べたい物が食べれないし、ホントイヤダ。それに下宿っていうだけで、なんとなく、ひけ目を感じる。こんなふーに思っちゃあいけないかなー。

話は変わるが、五十嵐がD組に来てて、橋田さんも来てたもんだから、俺が松下と五十嵐と話をしてたら、「おい古江、あそこにお前のアレ（？）がおるぞ」と言うやいなや、「おい橋田！」とあの子を呼んだからたまんない。あわてて「バカヤロー」と小声で言ったら、「何でもないよ」と五十嵐が言ったから助かったもののホント人騒がせな。

橋田さんはボケーとしていたそうです。

## 21（放課後）

10月3日㈮

なんだか今日は、自分がはずかしくなった。自分の行動にたいへん失望する。みんな学校の授業が終わった後でクラブに熱中する。自分は用もないのに学校でブラブラしている。何か、行動に熱さ（たましい）がない。人の目ばかり気にして女の子にカッコよく見られたいとか、みんなに頭がよく見られたいとか思ったりして。でも、これは人間としてあたり前かもしれない。でも僕の場合、それによって、まわりが、ぎせいになっている。それにこだわっているんだ。そのために生活がだらけ、勉強も一日二時間ほどしかできない。これでは二学期、成績の大幅ダウンはさけられない。ここで、もう自分も大人の行動らしきものを持ってもいいのではないか。そうかと言って、まじめにやるかといえば、それでは松の木に目と口と鼻をつけたようで、おもしろくない。

すなわち、落ち着きをもとうということだ。他人の事もよく理解し、自分の行動に責任を持つ。みんなと別れづらいから、用もないのに教室にいる。何の役にもたたない。クラブに入るなら入る。下宿へ帰って勉強するならやる。中途半ぱはいけない。なにも猛勉することは暗い灰色の高校生活ではない。それはそれで一つの目標をもった、立派な青春だと思う。

自分の行動に理性を持ちたい。

若き日の　情熱とは
希望もち
牛のごとくに走れる姿

## 22（時間の影）

10月7日

人生には出会いがある。おかしな出会い。思わぬ出会い。出会わせられる出会いもあります。人は出会いを体験し、その人を自分の脳の一部に刻みます。それでその人と本当に心が通った時、または、あこがれた時、人はその人を宝のようにし、別れたくないと思います。

でも時間と運命は、そうはさせてくれません。出会いがあれば、別れがあるんです。その人と永遠のさよならをしなくては、なりません（この世界では天国で永遠にくらせるのかも）。

人は悲しみ、なげきます。でも、しかたのないことです。その時、人は時間をふりかえり、あの時を思い出します。

時間はすぎても、その影は、その人に残っています。でもその影も、その人と共に、まわりの人からおしまれながら、この世界から消えてしまいます。時間は人間だけでなく、自分の影も消して行ってしまいます。でも、その人が本当に心の通った人と出会い、笑い合ったことは、永遠に、だれもしらなくても事実として残るんです。

それが見えない時間の影なんです。

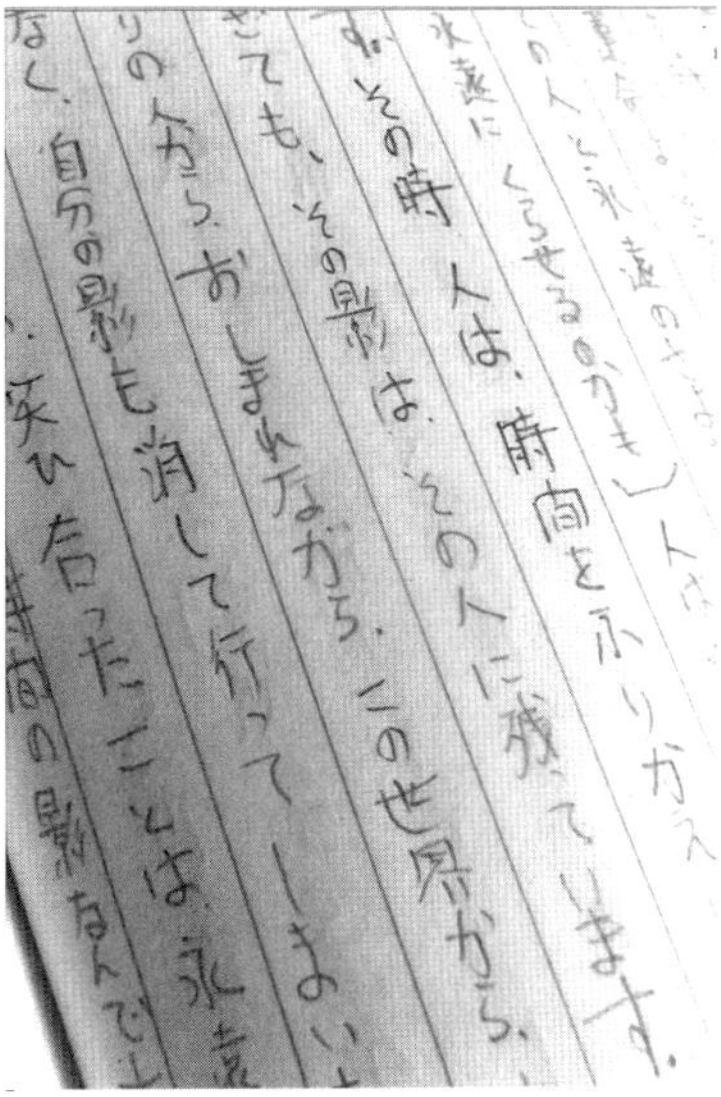

## 23（金魚）

10月20日

もう早くも二学期も半分すんでしまった。なんだかさびしい。この間、夏休みが終わったと思ったのに、もう中間テスト。

光陰矢のごとし。時なんてのは長いものであるが、ふりかえってみれば一瞬のもの。短いものでも中にはいろんなことがあったのさ。

そういえば、あの思い出深き金魚ちゃん（橋田サンがいるってんで、やった金魚すくい）、文化祭から十日たつのに、まだしぶとく生きております。どういうことでしょう。毎日、半分ずつ水をかえてやっております。

今日は席がえといっても班が変わるだけだから、あんまりたいしたことはない。でも松野やなんかと離れるからイヤダナ。

中間テストの勉強進行状況は、もうメチャクチャチャヨ。一学期とは大ちがい。どうしようかな。困ったョー。イヤここで負けていたら人生は失敗する。負けるナ。

## 24〈人は人〉

10月25日(土)

今日は中間テストの二日目、生物とRだった。Rはまあまあというより8割は自信あるつもり。だけど自分ができてれば、みんなできてるからな、安心はできない。生物はもうメチャクチャ。一応セミナーはほとんどやったが、習ってないので出ないと思ってやらなかったところが、ズバットネ、出チャッたの。それで、ある所は一カ所もかけなかった。残念無念。しかたないといえばそれまでだが、勉強は前日、約四時間。これじゃあダメダ。こんどの中間はもしかして前回よりかなり悪くなるのでは！　ゾッ。

今日もせんたくをやり、勉強は三時間だけ。明日がんばろう。

話は変わって、今日テストの後、みんな（三田・松下）と本屋や駅前へ行ったが、東高生が三百メートルぐらい学校の坂をゾロゾロとアホみたいに連なって行った。我輩たちもその波にのってゾロゾロと。アレッ、前方に見えるのは、どこかで見かけたアベック。小山さんと三年の彼氏。ヨオーヨオー、お熱いことで。ところが、みんないっぱいいるもんだから、お二人さん、あがっちまって、とくに小山さんは。それで、彼氏が気をきかせて、わき道へ。

きっと彼氏の家へ行ったんだと、アホの三人組（三田、松下そして私）がそれを見て、ニヤニヤと語り合い、言った言葉。

「いったい、家でなにやんの？」

なんかアホみたい。人は人。自分は自分。他人はどうでもいいさ。

なんか僕も最近、ちょっとしたことではおどろかなくなったな。

男性用ヘアースプレー　７００円買う

## 25（歌三首）

10月27日㈫

中間テストの現国の勉強の途中で、斎藤茂吉が書いた「死にたまふ母」を読んで、ジーンと感じ我も一首。

○おかあさん　田んぼ歩きて米づくり　朝日がのぼり　日が落ちるまで

○つきすすむ　我の道程けわしかり　されどわけ入り　ひらけゆく道

○日が暮れて　いつもの坂を　上りゆく　寒さ感じる　秋のおわりに

## 26（ケンカ）

10月30日㈭

今日は、いやなことがあった。田代とチョット、ケンカみたいなことしちゃった。ちょっと口争いになって、あんまり頭に来たもんだから、ちょっと、ほんとちょっとだけど手を出しちゃったんだ。だから半日はなんだか、田代の顔をみると気まずい思いがした。でも、後でよく考えてみると、手を出したのはいけないと思ったよ。田代の言うこともわかるけど、アイツ強情だから、一回こうと思ったら絶対に考えをまげないいんだ。オレもオレで、すぐカッと感情的になるからいけないいんだな。ホント後悔してます。田代はケンカした後もオレの方を見たり、ちょっと話しかけてきたりしたけど、そういう事はケンカした後だけに勇気のいることだと思うよ。おれなんか、とうていそんなことできないのにさ。オレッテどうしてこう根性がきたないんだろう。だけど考えてみりゃあ、だれだって根性のきたない所をもってんだよ。心配しなくたってテ。ただそれが性格と交ざりあって、きたない根性がたくさん出る奴と内にひめていて、あんまり出ないやつがいるんだよな。オレもだれからもすかれる思いやりのある、世間のちょっとした事で驚かない広い心の持ち主になりたいよ。でもすぐ、そう思う心を忘れて、おかしなことしでかすカンナ。

ショック、中間テスト英語Rは平均63点。私くしは61点。どうしよう、こんなことではいけない。戸田でも79点をとっているとか（ゴメンネ）。授業モレが最大の原因だったように思う。数学平均50＋16、地学平均61＋8、地理平均53＋16。

今のところ勉強しなかったわりに、まあまあだが、まだ平均より悪くなるのがありそうだ。

短歌

○老ひぬれど　我美しい思い出は
　この日記の内に　咲きみだれゆく

## 27（歌三首　我友よ）

日付なし

最近、めっきり寒くなった。今日もせんたくをやったが、つめたくてつめたくて、それに、手の皮がこすれていたいし、下宿人はつらいよ。

○しんしんと　夜はふけゆくさむざむと
　我友もまた　ふるってるかな
○我友よ　また明日会ふ我友よ
　我らが生きる　幸福の道
○勉学は　やれる時こそ夢多し
　やめれば友も去り　夢も去る

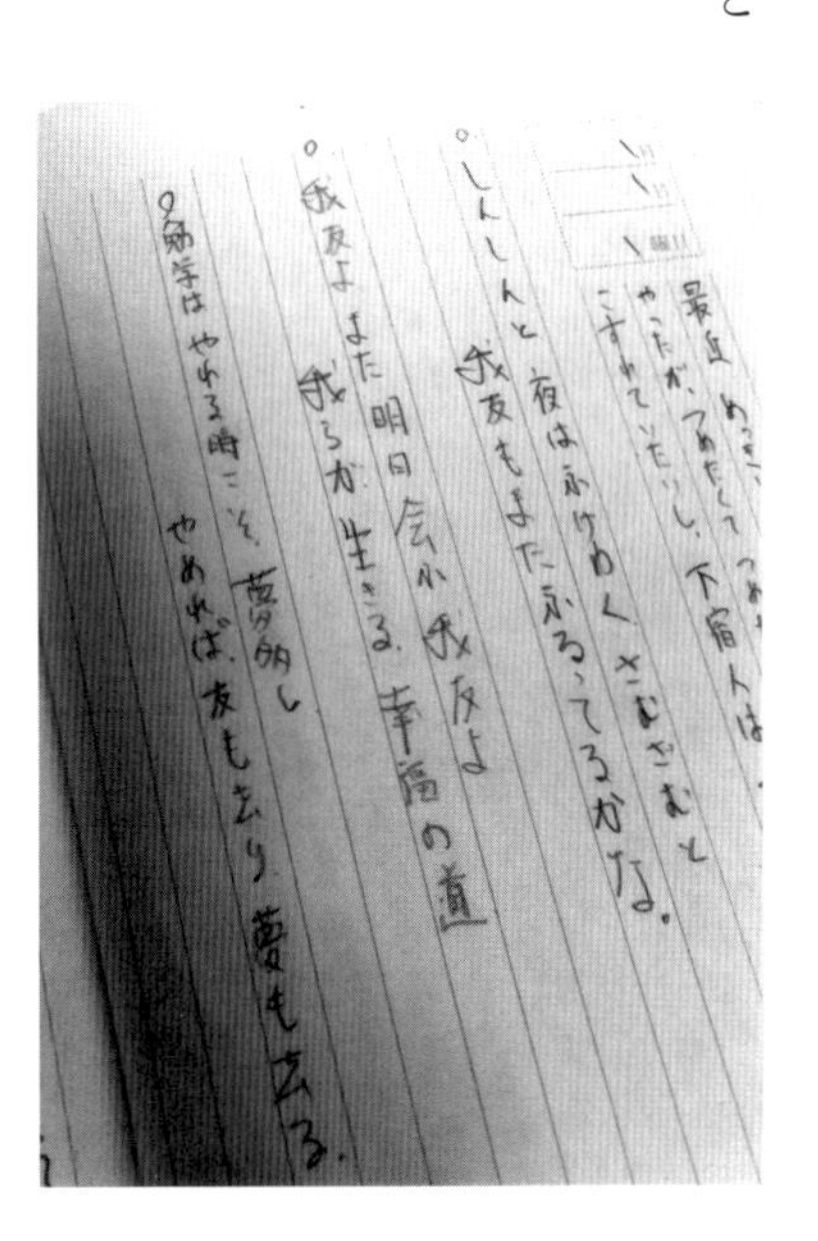


## 28　（ふるさとの道）

11月4日(火)

今日は11月4日であるが、前々々日のことから書きたいと思う。土曜日の日、家に行くのに（バスを）途中でおりて、約12キロほどを二時間半以上歩いて、やっとわがやへついた。ちょっとした、かんちがいで、そんなはめになってしまったが、12キロ歩くうちに、いろんなことを考えた。ほんとにいろんなことを考えた。でも苦しかったな。今、思い出しても、よく歩いたと思うよ、ほんと長かった。でも峠の下から、今歩いて来た道を見て、ほんと気持ちよかったな。秋もおしつまった10月の終わりの日をあびて、歌を歌って、ただ一人歩いていく。

気分さわやか。まあ、苦い体験の中から得た利とでもいおうか。

連休で家に帰ったわけだが、おやじさんとけんかばかりやっていた。アホみたい。でも自分も、もう少しガマンのできる人間になりたいと思った。

つけ加えると、スキーに行くことにした。

○ふるさとの　三里の道を歩きゆく
　寒さ感じる　秋の日をあび

## 29（また映画『卒業試験』）

11月10日

また長い間、日記をかかなかったが、8日の日に実力テストがあり、まあなんとかのようだったが、古典平均21＋10＝31だけがわかっている。英語も平均が50で僕は先生の話によると60ぐらいだが、はっきりしたことはわからない。あと数学がよかったら、今度こそ三度目の正直で四十番に入れるのにな。まあどうなるかわからんけど、三十番ぐらいに入るだろうさ。

変わって（話が）、実力テストの日に、テストの後で映画を見に行ったが、なかなかおもしろかった。『アラン・ドロンのゾロ』と『卒業試験』、どちらも有名なものらしく、初めて見る映画として、たいへん印象深かった。三田、松野と杉下と、それから偶然、川田といっしょになった。

## 30（将来）

11月17日(月)

実力テストの結果がわかった。総偏差値182、学年順位23位で四十番内に入っていたので、まあまあであったが、なんと女の長谷部に15点も差をつけられていた。奴はきっと十番内に違いない。我輩もなんとかして数学、英語の実力をつけなくては。これからは数学と英語を最低一時間半をそれぞれやるようにしたいと思う。

かつては中央大学の法学部へ行きたいと思っていたが、やはり国立大学を目指すことにする。北大か広大、一橋大学なんか行きたいと思うけど、東校からはサケの卵が困難を乗りこえて、一人前に育つくらいむずかしい。何十人にひとりぐらいのもの。浪人も考えられるけど、その後のこと、その間のことなんかを考えると、ちょっとどうかな。

この間、バスの中で木田君と会ったが、入った時の成績とうって変わって、南高でだいぶ頑張っている様子。それでもう学校側が近く実施される共通試験のことなどで、うるさいらしく、もう木田君も将来のことをかなり考えていたようだ。うらやましくも思った。僕はもう東高で半分に入っている。みんなを、そうたいしたことないと思ってしまう。だから、勉強もつい、なまけてしまう。南高へ行っていたら三百番ぐらいかもしれないけど、いつかは百番内に努力すれば入れるように思う。そうすれば国立も現役で入れる。でも僕は東高生として、誇りを持っている。俺はヤルゾ！　ヤルンダ！　まだ将来については、はっきり決めていないが、今のところ大学を出て、いろんな資格をとって、それでもって大企業につとめたいと思う。

事務所なんかをひらくのもいいが、孤独でつまらないから、やっぱり少しばかり収入は少なくても、大企業でも資格がいろいろあれば、まあなんとかなると思う。やはり生活はゆとりのあるものでありたい。

工学部なんかもいいと思うけど……新潟大や岡山大なんか文系で受験すると、かなりむずかしいらしいが、工学やなんかなら（学科によっては）東高からでも百番位でも合格できるみたいだ。まあ、とにかく今は数学と英語に力を入れてやりたいと思う。平均＋20点を目指す。


話は変わって、今日はちょっと、ああー今、ラジオがはじまった。

「中学生、小学生、高校生のみなさん……」なんてマコさんが言ってるよ。まあラジオを聞きながら日記を書こう。

ええーと、僕の中学校の時と今の高校時代を比べてみたいと思う。中学の時、僕はもっと、おもしろく、ゆかいで、みんなにチヤホヤされていた。だから、あまり気をつかわずに毎日をくらしていた。毎日をおしまずにすごしていた。だから時間の大切さに気づかなかった。

もっと言うと、ずっと封建的（保守的？）で、まい日が画一化されていたように思う。今は違う。現国の本の読みなんかがなかったら、学校へ行くのがおもしろい。授業中にパン食ったり、体育はソフトやって楽しいし、地理はいろんな国のエピソード、それを聞いているときのみんなの目の光り輝いていることといったら、先生の話に耳をうばわれているみたい。

それにカワイイ女の子がいるしネ。中学校にもまして、この青春の時間の大切さを知った。まだ青春のホンのかけはじめだけどネ！

僕はそんなにきどらずに中学校の時のように、もっとみんなに気軽に話のできるザックバランな人間になりたいと思う。

我友と　夢の人生歩きたい
　この宇宙のように　永遠に無限に

この日記をとじるともう手あかで黒くなった部分が、まっ白な所より多くなっている。一年生ももう四カ月だな——なんて。

## 31（またまた映画『デルス・ウザーラ』）

11月27日

またまた長い間、日記を書かなかった。いつのまにか、わすれちゃった。

最近の僕の学校でのふるまいについて考えてみたい。最近は学校で騒いでばかりいる。そう中学校の時のように。いや、それ以上かもしれない。そして授業中は、みんなと話をしてばかりいる。こんなことではいけない。もっと紳士的にふるまわなくてはいけない。なぜだろう。やはり性格だろうか。おもしろい話があると、僕はスグ飛び込んで行くのに、近田や川田なんか知らんかお。やはり落ちつきと、理性が人間には必要だョ。

今日は近田と映画を見に行った。
『奇跡の詩』と『デルス・ウザーラ』。
あまりおもしろくないと近田は言ったけど、まあ、なんとか、おもしろかった。

## 32（コース分け）

12月1日

今、悩んでいることは、二年生でのコース分けのこと。以前は、文系に行くつもりでいたが、先生の話や、みんなの様子を見ているうちに、なんとなく行きたくなくなった。まだ、はっきり決めてないが、一応、文理に行くことになると思う。

僕は気の小さい所がある。ごぞんじのとおり、本を読むことは、にがてだし、先生にさされると、すぐ興奮する。

みんな、そうなんだろうけど、みんなは、わからなくても考えようとし、まちがった答えを出す。そして先生とやりあいながら正解へとこぎつける。

僕は、にげ腰の面が多い。人とうまくいく、社交性の高い人間になりたいと思う。


友は友であり、友以外のなにものでもない。

## 33（幸福とは）　12月10日

勉強はなかなか、つまらないものである。でも、どこか無の中にけむるような幸福感がある。

みんな必死で、地理や生物の暗記をする。これをやれば、みんな将来、幸福になれると思うわけではない。これを十個覚えたから、ちょっとしあわせになるだろうなんて誰が思うだろうか。みんな目の前のテストのことだけを考えて勉強する。目的もよくわからないのに勉強する。友だちときそいあって。

でも、そこには課長や係長の座を争う時のような、うしろめたいものはない。なぜなら、幸福には無えんだから。

もちろん、課長になって、給料があがったといってではない。お金がすべてではないことは、だれしもが知っている。

幸福とは楽しいものの中に、けむいような、よくわからないものだけど、人の考え方で成立したり、おとろえたりするものだと思う。

話がちょっとかわったが、みんな十分先のテストのために勉強する。夢中で、でも僕は人生なんて、そんなもののような気がする。

自分のまわりに、友だちに、また女の子に、また、いろんな人の愛、LOVEが少しでもあったなら、その人は幸福だと思う。

すべてが幸福の中で、一つだけでも心配ごとやいやなことがあったなら、まわりが幸福だけに、よけい苦しいと感じる。

今、僕は両思いでなくてもよいから、心から夢中にあこがれる人（女の子）が、ほしいと思う。それが幸福だと思う。

## 34（めし屋で親子丼）

12月10日㈭

期末テストも今、まっ盛りで、昨日は地理と古典、今日は生物と英G（文法）と暗記科目ばっかりズラー。地理は、もう全体にできると思っていたが、バンクや漁港の位置を地図帳で見ておかなかったために、大幅に減点。生物もわかっているのに、まちがえた。

田川なんか一個まちがえただけだと言っていたので、できる人は相当できたようだが、セミナーをやってない人は、あまりさえなかったようだ。

でも、みんな、なかなか頑張るので、僕もオロオロしてられんな。


今日は、明日が現国だけなので、午後から4時間ぐっすり眠った。

そうそう、三田とめし屋へ２８０円の親子どんを食べに行った。昨日と昨昨日と昨昨昨日も食べに行った。明日も食べに行こう。


ゆうべは四時ぐらいまで、半分遊んでいるような状態でやっていたが、今日は地学と保健も、そして数学もやっておきたいと思う。

ガンバロウ。

## 35 (マージャン)

12月15日(月)

テストがようやく終わった。今日は数学と英R（読解）だったのに、あまり勉強しなかった。それが残念でならない。おかげで、英Rは平均ぐらいじゃあないかなあ。今度のテストは全般的にあまりさえなかった。明日からの授業でテストを返してくれるだろうが心配だ。

テストが終わって、三田の下宿で近田や土居、大沢、松下とマージャンをやった。今日、初めて教えてもらったが、なんだか、よくわかんなかった。後で雅夫が、すごくおもしろいと言ってたけど、どうなんだろう。

でも勉強もしなくちゃあ。今は理系か、文系かで、すごく悩んでる。

理系は工学部、文系は法学部か経済学部ぐらいになるだろうが、法学部へ行くなら、資格をとりたいと思うし、必ずしも取れるとも言えない。

工学部なら、もうサラリーマンぐらいかな。だけど工学部でも倍率の低い学科なら、相当、程度の高い大学へ行けるようだから……。

## 36（通知表）

12月24日㈬

今日は終業式で通知表をもらった。総合は21位であまりさえなかった。近田14位、三田11位で、10人ほど離されてしまった。三学期は5をとれそうな科目に集中してA（4・3以上）を目指したい。それともう一度、10位以内に入るようガンバロウ。

成績のことは、これぐらいにしておいて、明日から、いよいよスキーに行く。準備はすべてそろった。楽しい思い出にしたいと思う。

明日からスキーだというのに、今日はなぜか、『タワーリング・インフェルノ』を見に行った。三田といったわけだが、最近は遊んでばかりいる。遊びをする時は、おもいっきり遊んで、勉強をする時は、おもいっきり勉強できるような、けじめのある人間になりたい。

## 37 （スキー訓練）

12月29日(日)

今日、スキーから帰ってきた。だいたいのことを並べてみると。

まず、清田が盲腸になった。それも複雑骨折……。二年生の秀夫君が骨を折った。

なんか考えてみるとへんなことばっかりで、書くのもいやになってくるけども、その他としては、松野（先生）に集合時間のおくれですわらされた。それも、自分が、いいと思ったら、すわるのをやめていいといったから、少し、いやな気がした。

それから僕は助かったけど、正田や沢原、上川、藤本、近田はトランプをやってたか

ら、夜中の十時半から一時間ぐらいすわらされた。みんな足がいたい、いたいと悲鳴をあげていた。それで第三日目と四日目は、消灯の時間、一秒もくるわずに電気を切った。二日目は、みんなすごく疲れたらしく、話をする気力もなく、十一時ごろにはグーグーと高いびき。

話をしたり、トランプをしたのは、第一日目ぐらいだった。なんと睡眠は二時間半だった。あとは話をしたり、ポーカーをやったり、チェスをやったり、その他モロモロ。

それから、我が２０９号室の悲げきは、まだつづいた。第四日目、窓ガラスを見事にメチャクチャに割ってしまった。弁償２８００円、僕も２００円出した。別に不注意でやったのではないが、しかたがない。

以上のことは、残念なことばっかりだったが、その他いろいろ、おもしろいこともあった。まず第一、沢野や戸河内、竹岩、河中など、いろいろ今までしらなかった奴らと友だちになれたことだ。これが、今度のスキーで一番楽しかった。

戸河内も最後、冗談半分で、

「今度のスキー訓練は古江と友だちになれて、すごくよかった、うれしいョ」と言ってくれた。この言葉、ほんと僕はうれしかった。

なぜなら、友だちは僕の一番の宝だからだ。すばらしい友だちがいれば、その人はどんな環境にあろうと心が救われる。いつまでも、戸河内や沢野のあの笑顔を忘れたくない……。

僕は時間が憎い。なぜなら、友だちをかえてしまうから。そして別れを作るから。

僕は幸福だ。すばらしい友だちを五日間にいっぺんに二十人近くも作ってしまったんだから。奴らとまた新学期から会うが、楽しくやっていきたい。

スキーの技術面では、最初の日はバカみたいなことばっかりやって、なんにもおもしろくなかったけども、そのころはそいつはそいつで楽しんでやっていた。

二日目に念願のリフトにのれて最高によかった。でも斜滑降で行ってボーゲンでまがるのが、なかなかできなかったし、先生もあまり僕のやる時は注意してくれなかったので、なんとなく、嫌な気がした。でも、それは単なるひがみ根性で、実際はそんなことはなかったようだ。自分だけヘタのように思えてくる、だれにでもありえることだと思う。

スキー開始、三日目は最高によかった。リフトを四つ乗りかえて一番上まで行った。あんまり高いんで、ビックリして腰をぬかしそうだった。あの急斜面は、ころんでばかりいた。でも、ゆるやかな所では、だいぶうまくすべることができた。

最後、先生が自由にすべっていいといったところは、自分でリフトの券を二回買って、松野先生に一回おごってもらって三回おりたが最高によかった。スキーがこんなにも楽しいとは思いもしなかった。

それと二年生の人のやさしいのに、おどろいた。風呂に入った時も、四人しか入れないのに、どいてくれたり、ごはんをよそってくれたり、たいへんうれしかった。

風呂といえば、四日全部入ったが、曽田は一度も入らなかったようだ。他にも入らなかったやつが、だいぶいたみたいだった。

後、書きたいことは、山ほどあるが、こづかいは三千五百円ではたりず、千円、近田にかりた。だから計五千円ぐらい使ったみたいだ。家の人には、三百円のつけ物をかった。もっと買いたかったが、経済難でかえなかった。


あと二日余りで、1975年もすんでしまうが、今年は僕にとって、とてもいい年だったように思う。東高に入学して、多くのすばらしい友だちを知った。恋もした（一方通行の……）。勉強もした。映画もみた。それに、なによりも時間の尊さを知った。その他いろいろあるが、この年は一生のうちでもそんなにない、思い出にのこるものだと思う。

スキーでしめくくった1975年、さらば僕の思い出を永遠にかかえて、宇宙のかなたに身をひそめて、1976年と交たいしてほしい。来年も今年以上に、すばらしい年でありますようにお願いします。バンザーイ。

さらば、1975年、ようこそ笑顔の1976年。もうそこまで来てるよ。

我新しき友は　白銀散る中に　急斜面をころんでは　我と滑りゆく

ああ、ハッピー、ハッピー、１９７５年。

１９７６年、ずっと。

## 38（岩崎宏美ファン）

1月25日㈯

今日は土曜日で、昼から清田と松山・近田と駅前へ行った。駅前ではラーメンとソフトクリームを食べたが、学校で、ちゃんと昼めしは食べたのに、少しぜいたくして反省している。でも、たいしたぜいたくでもないかな……。

それから二時頃から五時半まで、本屋で立ち読みをしていた。平凡、明星、セブンティーン、スターと全部、見あさった。特に最近は岩崎宏美のファンなので、そこばかり探して喜んでいたが、なんとまあ、ほほえましいことであろうか。

でも、それはそれでいいのです。ウン納得！　彼女は、それほど美人じゃあないけど、どことなく引きつけられる雰囲気をもっているような気がする。それに歌もいいと思う。だけど、テレビで見られないのが残念だ。でも日曜日には帰るので、その時になるべく（テレビに）出るのを祈っている。

こういう人たちを見ていると、生活が華やかで、自ら劣等感を感じるが、それはまちがいだと思う。彼女らは、たしかに容姿も美しく、僕たちを引きつける面をもっている。それは、それとしてすばらしいが、自分に対して劣等感をもつのは、いけないと思う。彼女らは、この世をハツラツと生きている。また、それに負けず、僕らも多くの友をもち、ハツラツと人生を送っている。

そして、彼女らは、僕らごく普通の高校生がうらやましいと言う。勉強ができて、恋が花開き、友達と話ができる。それは、たしかにすばらしいことである。互いに、青春の真っ最中に立つ高校生にかわりはないのである。

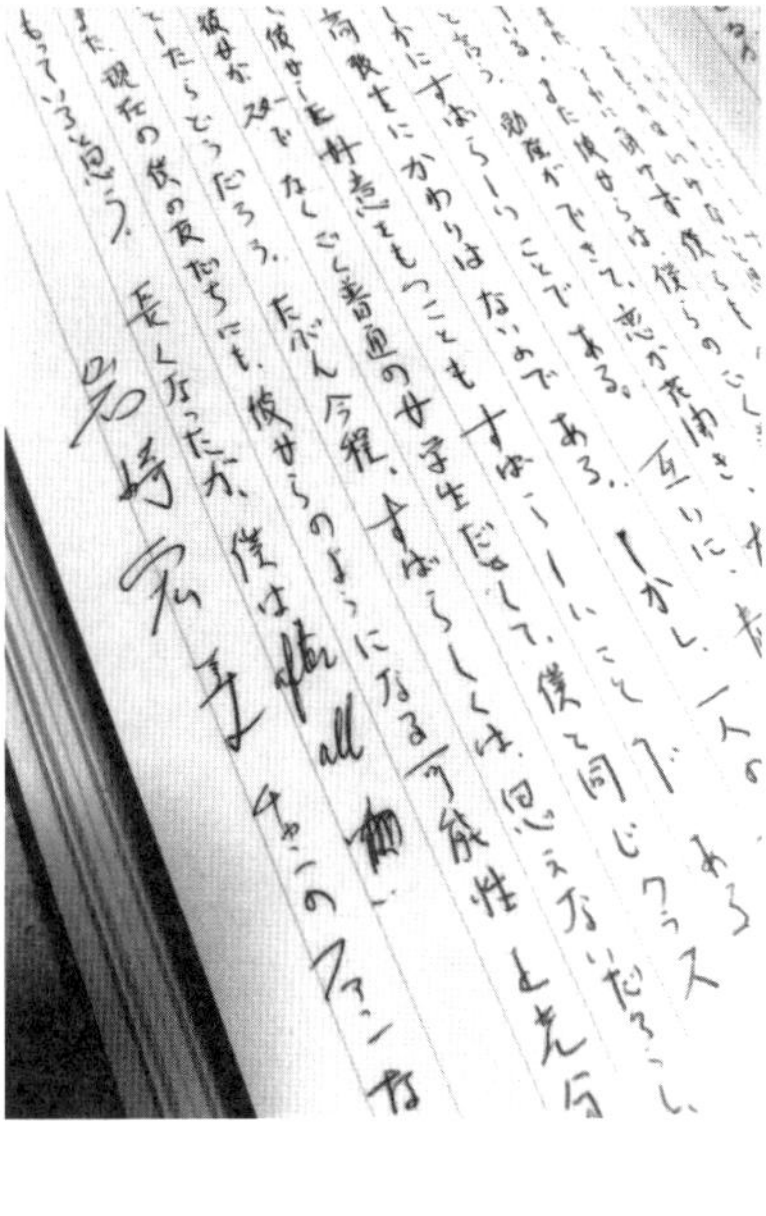

しかし、一人の高校生として、彼女らに好意をもつこともすばらしいことである。もし彼女がスターでなく、ごく普通の女学生だとして、僕と同じクラスだとしたらどうだろう。たぶん今程、すばらしくは思えないだろうし、また現在の僕の友だちも、彼女らのようになる可能性を充分もっていると思う。

長くなったが、僕はafter all（とにかく）、岩崎宏美チャンのファンなのだ。

## 39（永遠の人生）

2月2日

最近は、なんだか暖かくなってきたように思う。実力テストも終わり、家に帰って、テレビばっかり見て安心しているところ。

でも、ちょっと結果が心配。地理は平均56＋30だった。

最近、思ふことは、人間はwhy、死ぬのか、ということ。人間が永遠に生きたいと思うのは、みな同じである。しかし生物的な面を考えずに考えてみると、人間が永遠に生きたら、その人の永遠の人生はムチャクチャにならないだろうか。おそろしく金持ちの時もあれば、おそろしく貧乏な時も生じるだろう。いろんな面が出てくるのだ。人生は永遠だから……それが、こわいのである。

だから、人間は死ななきゃあならないのかもしれない。でも、永遠に生きたいと思うのは、誰しも同じである。

## 40（欲求不満）

2月3日

今は球技大会だ。今日は、おしくも2Cに負けてしまった。私くしも半分ほど出た。メンバーは清田、松山、今中、近田、中里、それで俺と近田と松山が半分ぐらいずつ出た。近田は手を切った。カワイソー。

焼肉が食いたいョー。
ウナギが食いたいョー。
テレビがみたいよー。
下宿はいやだよー。
女とSEXしたいョー。
腹減ったョー。
金がほしいョー。
岩崎宏美チャンョー。
女の子ョー。
欲求不満？

---

時の過ぎるのは、速いナー
宇宙には時間はないけど　地球には、あるんだー。

## 41（反省）

2月5日

俺はなんてバカなんだ。すぐ調子にのる。人のペースにのせられてしまう。そう、意志の弱い人間なんだ。何故、めしの後、12時までも寝てしまうんだ。僕はたしかに寝ることに関しては弱い。でも、それを何故、克服できないんだ。自分の意志を強くもって、もっと規則正しい生活がしたいと思う。

前述のこと以外にもたくさんある。ありすぎるほどである。第一に授業の受け方、半分、いや全く遊んでいるといっても言いすぎではない。Rでのプリント忘れ、○○の講義無視など、数えたら、どれほどになることやら。大学を目指すなら、幸福を目指すなら、それ相応の勉強をしようじゃあないか。強い意志をもて。

## 42（お風呂）

2月6日㈭

今日は、とんだハプニングがあった。下宿でのことだが、今日は風呂があるので、それまで寝ていようと思い、こたつでグー。ところが雅夫の次で二番のはずなのに、起きてみると九時半で、友美さんがちょうど終わったところ。俺はたしかに入ってない。雅夫がまちがえたかと雅夫の部屋へ一目散……。聞いてみると、たしかに呼んだら返事が返ってきたとのこと。それでドアをあけた時の音がしたとか、しないとか。

いろいろ話をしているうちに、おかしくなった。まさか夢遊病者にでもなり、頭が変になったかと大あわて。雅夫が洋子さんに聞いてみるとのことで、少しこわかったが、聞いたところ……、ヨカッタ。洋子さんを呼んだのはおばさんで、おばさんがいつになっても次の人がこないので、オレが終わったと思い、次の洋子さんをよびに行ったとのこと。雅夫が僕をよんでから三十五分間、風呂は空っぽ。イヤハヤ、おそまつでした。でも夢遊病者でなくてよかった。

## 43（金金金金がない）

2月15日(日)

金金金金金金金金金金金金金金、金金金金金金金金金金金金金……。

ああ、疲れた。だけど金がほしいョー。家へ帰ってみると、お金は二千円ぐらいしかない。それでアアダ、コウダとお金のくめんばっかし話して、もうやんなっちゃうョ。金だけのことじゃあないけど、最近はいやなことばっかり続いて、もう人生がいやになってきたよ。でも人生はまだ長い。たとえ、どんな逆境にたっても必ず耐えてみせる。なぜなら、いつまでも不幸は続かないし、まだまだやりたいことが、いっぱいあるからだ。

たとえば女の子……。まだ、かわゆらしい女の子とめぐりあっていないのです。ネー、みんながんばっているというのにネー。僕も大学へ行ったら、きっと、ネ、ネ、ネ……。高校時代は、たとえどんなに好きな人が現れても、自分の本心は打ち明けないつもり。なぜかって……それは、いろいろメンドウだし、まだまだ勉強が足りないし、それほど女がほしくてたまらないっていうわけでもないから。

　でも高一だというのに、もう三年生やなんかとつきあって、うまくやってる人がいますネー。でもネー、そんなにネー、あわてなくてもネー遠くから見てるだけで、けっこう楽しいネー。こんなこと言ってるけど、今は好きな人いないいんだー。美人はいるけどネ。

　それで話をもとにもどすと、昨日帰ったの、家へ。そしたら金は、あんまりないっていうんだ。一瞬、「またかー」と思ったヨ。でも、テレビみたりして、けっこう楽しくやって、日曜の二時に家を出て、川口のおばあさんの家へよって、下宿までおやじさんに送ってもらった。

　おじいさんもいっしょにのっていき、途中で、ある人の家へよって行ったので、道がわからなくなってしまい、あやうく高速道路に入るところだったが、もどって、ア

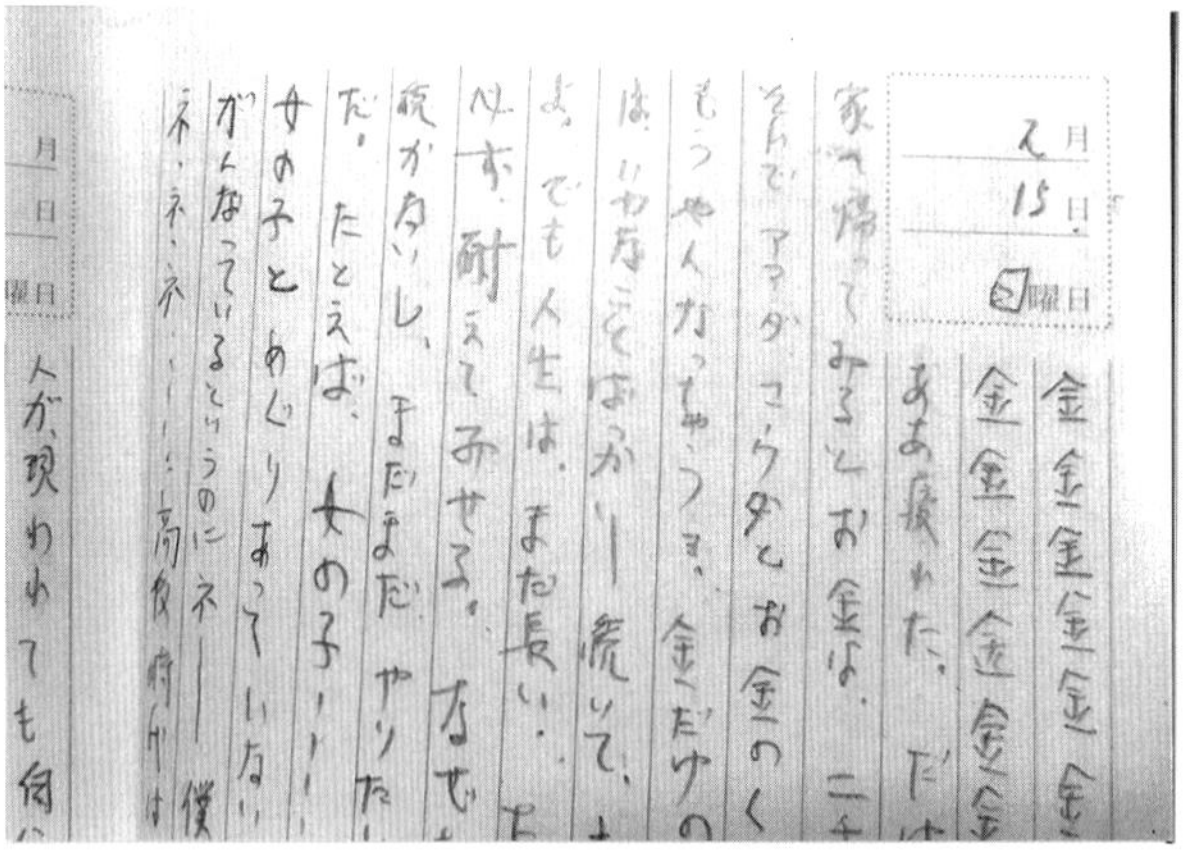

レッと思ったら、いつのまにか、下宿の近くに出ていた。

おじいさんに千円もらった。thank you

## 44（バレンタインデー）

2月16日(月)

この間（十四日）はバレンタインデーだったが、やっぱりというか、さわぐこともなく、チョコレートはもらえなかった。神中はもらえるのに、にげちゃってダメになっちゃって、ホントバカだなーあいつは。

それから、おどろいたことは、正信と大城がもらったと聞いたのでおどろいた。たしかに、あいつらは背が高くて、顔もいいし、まあ、もてて常しきでしょう。

こんなことばっかり書いてるけど、俺だって少しは、いや自信をもって美男子なんだゾー。本トに、そう思ってんだから。自まんできるところは、髪の毛とスタイル。髪の毛はウェーブが少しかかってて、ちょうどいい天然頭。それに色がまっ黒で、黒光りがするから、みんなが古江の毛はいい、いいっていう。それで「俺もこんな毛だったらなー」なんて、みんな言うので少しテレクサクなる。スタイルは身長172センチ、体重58キロで、ほんの少しやせぎみ。178センチ、65キロもあれば上等だと思うけど、この若き肉体と黒い豊かな髪も何年もつやら。いや永遠だ。

## 45 (幸あれ)

2月17日

ガンバレ、ガンバレ、あと二週間で期末だ。今度はバッチシ計画をたてて、明日から徹底的にやるつもり。数学が少し心配だ。最近、数学に力を入れてるつもりなのだが、ミニテストなんかは平均点なみ。もっと集中してやろう。

ああ、それから机の中に八千円あった。約束どおり、おいてってくれた。だけど、二日前は金のわく所が、まったくなくて困ってたのに、どうやってくめんしてくれたのかなー。おやじが最近、仕事へ行って、力仕事とか、「つらい、疲れる、しんどい」というので、かわいそうになる。両親に幸あれ。そして世界に宇宙に。

## 46 (宇宙人は存在する)

2月22日(土)

今日は、あと十日ほどでテストがあるので(家に)帰らなかった。雅夫や近田らは、近田の下宿でマージャンをやるみたいだが、俺はひとり駅前へ行って本を読んでいた。主に「宇宙のひみつ」とか、「UFOは何か」とかいうやつばかり読んでいる。そういうことに興味のあるせいだろうか。

土居や佐々木さんは、そういうのは信じないと言ったが、地球人がいるのだから、それは確実に存在するのである。

でも宇宙人は地球に対して、どういうことをしようとしているのだろう。友好的ならいいが宇宙は広い。反抗的な宇宙人もいるかもしれない。でも人類は、いつか地球をすてなければならない。それまでに脱出するための力があればいいが、なかったら絶滅するか、助けてもらうしかないのだ……。宇宙はいいな。夢があって。

## 47（この世界）

2月23日

私の世界を奪わないでほしい。生物は人間は、「死」を恐れる。そして、その恐れをやわらげるために宗教という都合のいいものを考え出した。肉体は滅びても精神、すなわち魂は天にすくわれるというものだ。すなわち永遠の生をといている。

実に調子のよいものであるが、それが事実かもしれない。いや、かもしれないでなく、そんなような気もする。なぜなら現代の社会に、それを根拠づけるような現象があるからだ。

また、現代も一種の天なのかもしれない。すなわち前世があり、そこを去ってきた人々がここに来たのかもしれない。するとここは天国だろうか、地ごくだろうか……。

とにかく、永遠の生を人間は、いつの時代も求めるのだ。いや、永遠の生というより、永遠の若さという方が的確かもしれない。そういう点では、宗教でいう肉体は滅びても……というのは、どうもげせない。
広い宇宙、この地球に永遠を与えてくれてもいいじゃあないか。

## 48（ロッキード事件）

2月27日㈮

最近、ロッキード事件とかいうのが政治で大問題となっているらしい。下宿にいるので、よくわからないが、日本の民主主義をおびやかしている。だから政府自由民主党は、これを徹底的に追及し、日本の民主主義を固く守ると三木首相は言っている。この調子だと、歴史に残る大問題となるだろう。二十年後の歴史の教科書に、太字で「ロッキード事件１９７６」なんてのるかもネ……。でも、とにかく自由は確実に守らなければならないと思う。

話はかわって、もうすぐ期末なので今、四苦八苦している。○○の授業をきいていたことがないので全然わかんない。それで今、必死になってるんだ。何とかして征服して、二学期以上の成せきをとりたいものだ。

## 49（卒業式）

日付なし㈪

今日は卒業式であったが、ひそひそ話ばかりしていたら、みんなが「おまえの話は全部、集音機からテープに入っておるぞ」なんて言ってくれるので少し心配になった。もう少し自分の態度にきをつけよう。そろそろ落ち着きをもって……。

今日（火曜日のこと）は四時まで漢文をやった。やったといっても、ねたり、ふらふらしたりだから、あまり充実してない。今日（火曜）から期末テストだが、計画が少しまずかったように思う。地理や地学はなんとかなるけど、Rや古文はメチャクチャ。でも、これから前日が勝負、やろう、ガンバッテ。

今、ラジオは「走れ！　歌謡曲」をきいている。では、今からねる。おやすみ。

## 50（夕日2）

3月3日㈬

久しぶりにきれいな夕日がかがやいている。その夕日を無理して見つめていたせいか、目の真ん中の所が黒く残光していて、この日記を書くのに苦労する。

たしか七月ごろにも、夕日を見て思った時のことが、この日記に書いてあったと思う。今でも、あの時の夕日をありありと頭にうかべることができる。

今、ちょっと窓からのぞいてみたら、さっき、そう二分か三分ぐらい前まで地平線のちょっと上にとどまっていた、ドッチボールぐらいの夕日はもう沈んでしまった。どうしてそんなに速く沈むんだろう。それに七月ごろ見た夕日はビー玉ぐらいで、佛だん屋の方に見えたのに、今は自動車学校の方向に見える。いったいこれは、どういうことだろう。

とにかく夕日が沈むと、暗い世界がやってくる。夕日を見つめていると「俺は生きてるんだなー」と実感して、この地球のまたすべてが滅びるのを忘れ、自然の雄大さに驚かされる。

自分の手のひらを、ふと見ると、オレンジ色とも赤色ともいえない、そう、色には表せない自然の色、生きている色が自分の手をおおっている。

夕日に染まった青春の色は、必ず変わることはないだろう。

## 51 (愛とは)

3月5日

愛とは相手を自分との合体物にしようとする心である。

すなわち、相手には女性、両親、友人、動物など、いろいろあるけれど、女性、すなわち、愛の中の恋に対する情熱が一番強いようである。

人間は恋人を自分のものにしたいと思う。それが愛である。その手段にはマスコミがやたらと騒ぎたがる交尾などというものがあるようだが、それがすべてではない。

肌が接することによって、たしかに合体化したある程度の満足はあるだろうが、肌の内側の合体をついつい忘れがちになる。心と心の合体、それが愛である。この両者のちがいは、肌の合体は一様なもので終わってしまうが、心の合体は一様なもので終わらない。つねに変動するものである。心の合体の方法が変われば、必ず肌の合体も変わるはずである。相手を自分のものにしたいという情熱、いいかえれば、自分を消して相手になるということである。その相手になるというのは、すべてが心の移り変わりである。その手段の方法に単なる交尾があるのである。

相手になりたい、相手になりたい……。それが愛である。

今度は社会についてでも論じてみよう。

→現国の勉強

## 52（すごい看護婦さん）

3月10日

期末テストの結果がほぼわかった。地理、地学、古典などの力を入れた教科が総くずれで、一夜づけだったG、R、数学が平均＋20もあった。通知表の関係上、力を入れる量をかえたが思い通りに行かずに残念だった。今年も平均＋11ぐらいでおさまりそうだ。二年になったら、普通として平均＋15を目ざし、力の入れ方も考えるようにしたいと思う。

近田、鶴見、中井、神中、三田などに負けたのは実に残念だった。みておれ春休みを……。

今日は近くの病院へ行って貧血の検査をうけた。比較的きれいな看護婦さんが、

「おしっこ、取ってきて」

って言ったもんだから困っちゃった。

採血して診さつしてもらい、三十分ぐらいまって、話をしてもらったが、たいしたことはないようだが一応、一週間に一度ぐらい、二、三カ月通院することになった。でも看護婦さんが感じのいい人だから楽しみのような気がする。顔はするどいけど、声がすごく感じがいいんだ。それに態度も感じがいい。やさしいし、それにプロポーションが抜群。

なんか最近、女の人を見てるとすぐ、そんなところを見るようになっちゃった……。

お医者さんも60歳ぐらいの人で紳士的な、すごくやさしい人なんだ。病院なんて一人で初めて行ったから少し心配だったけど、なんとなくすまされた。何でもやってみることだとつくづく思った。

でも、いろんな失敗やったな……。うん、つくづく俺ってドジだと思ったョ。それに比べて看護婦さんの頭の回転の速いのには、おどろいたョ。名前をよんで診さつの手つだいをして、電話がくれば先生と話をして、もう人間わざじゃあないよ。それでいて常にやさしさを忘れてない。我輩も病院にいる間、看護婦さんの行動ばかり見てたョ。忙しい仕事の内で常に温かさを忘れない態度、いったいその心は何を考えているんだろう。

また、多くの年寄りを相手に治療の手伝いをする。そんな生活に生きがいがあるのだろうか。感心しましたネー。看護婦さんは仕事がとてつもなく大変だってきいてたけど、なるほど、うなずけたョー。
ああいう心温かい人はいいな……。

## 53（一年D組最後の日）

3月10日

我が一年D組も明日一日で終わるようだ。ふりかえってみると、みんなと離れるのがつらくてたまらないと思った時もあったが、今はそれほどまでにも思わない。また他のクラスにでも遊びにも行きゃあ、それでいいんだから――。

でも我が一年D組は一生涯、忘れられない。また忘れてはいけない存在だろう。最も青春という名に近い時期、高一高二時代。その大切な時期を僕は生きた。一方通行の恋もした。

少し残念だったのは、中学の時のように人間関係がうまくいかなかったことだ。あんまり話もしたくないような奴もいた。なるべく、ジョークにしろ、まじめな話

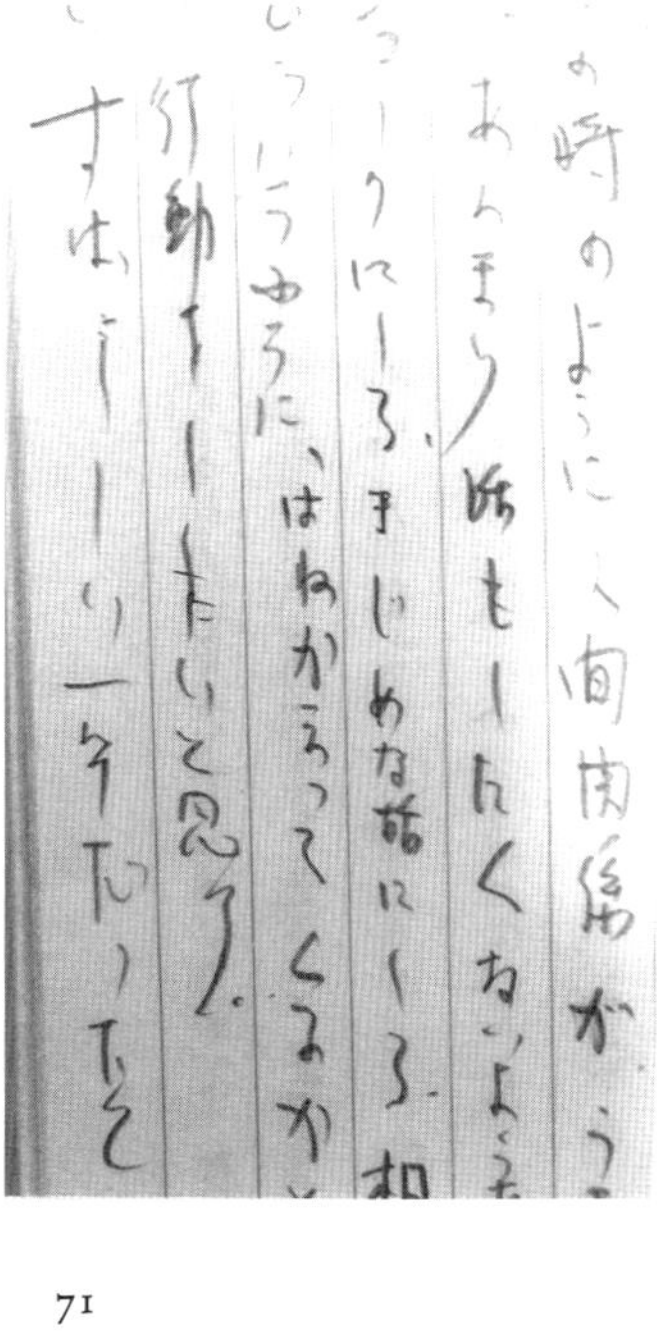

にしろ、相手にこれを言ったら、どういうふうにはねかえってくるかということをよく考えて行動をしたいと思う。

とにかく、すばらしい一年だったと思う。

# 高校二年生

## 54 （新学期の不安）

4月7日(水)

この日記もあまり書かなかったので、だいぶ余ってしまった。それに二年目の日記を買う金もないので、一年目の日記にかくことにする。

昨日、始業式で今日から授業。とにかく今、感じてることは「寂しいなー」、「不安だなー」の二語に尽きるような気がする。そして、新しく二年B組という文理コースのクラスに入って思うことは、バラバラだなーということだ。中里などの元一－Dをふくめて七、八人以外は、まったく知らず、みんな、こわそうに見えてくる。もっともみんな、俺もこわいと思ってるかもしれないけど……。でもこんな、こわそうに見えるやつらばかりのクラスでも、一月もすれば元一－Dの時のように、気軽に話せるやつらばかりになるんだろうけど、それまでが苦しい。

一年の時は、がめつくも目茶苦茶に、「あんた、どこの学校から来たア、名まえワ？」なんて聞いたりしたから、比較的そんな、きゅうくつな感じを受けなかったような気もするが、忘れちゃっただけのことで、相当気まずかったような気もする。

でも一年の時は、明るく、おもしろい奴だと思われるように努力をしたし、みんなも結構、そう俺を思っているようだ。でも二年になって、少し、そのおもしろさが欠けて、一般にいう冷たい人間の要素が入りこんだような気もする。

一年の時、とっくに解決した本の読みも、「新しいクラスだから、どうかなー」という不安も少しある。それで不安なのかもしれない。とにかく、もう昔のように、愛きょうで「や！一年の時は何組だったのー」なんて、みず知らずの奴らに言うことも、少し抵抗をかんじるようになった。でも二年生も、楽しい奴だと思われるような人間になろう。

これが新学期の不安だが、もう一つ寂しいのは、春休みの間、テレビばかり見て喜んでたけど、これでもうテレビも見れなくなるかと思うと、なんとなく寂しくてつらい。でも学期の中頃は、「下宿のが友だちがいるし、おもしれえでいいなー」と思ってた。早くそんな頃にならないかなー。

勉強も田中や中里がいるから不足はない。少しでも奴らに追いつくように努力しよう。今は三日先の実力テストに向けてガンバロウ。

とにかく今は「不安と寂しさの新学期」だ。

基礎からの数ⅡBチャート式　８８０円（学校にて購入）

## 55 （転任される先生方）

4月10日(土)

今日は数学と国語の実力テストがあった。結果はどうだったかというと、数学については学校指定の問題集から、そっくりそのまま出たのであるが、なにせ答しか書いてなく、その過程がわからず、半分しか予習してなかったので、七割ぐらいしかやれなかった。やれなかったのであって、合っているとはかぎらない。自分なりに点をつけてみると六十点ぐらいかな。とにかく、これからは数学に全力を注ぎたい。国語も文学史と漢文と古典の参考書から、そっくり出るから勉強さえして行けば、なんとかなるんだが、文法の所でまずったようだ。文学史も、ほぼ完璧に覚えたつもりだったが、聞きなれないような問題もあったので、完璧とはいえなかった。国語の総合の予想は七十点ぐらいだろう。

そしてテストの後は、今度、転任される先生方との離任式があった。やはり、みんなも今まで親しくしてきた先生との別れとあって、やじ（例のはくしゅ）もほとんどなく、しんみりと聞いていた。もちろん僕もその一人であった。

とにかく先生方は、この東高校から離れて行くのであるから、自分の持っている東高に対する思いをフルに言っておられた。今の三年生の人たちが教えてもらった向井先生は、こんなことを言っておられた。

「旧二年生の人たちに、講義に対する作文を書いてもらったが、冷酷とか恐怖とかいう言葉がザラに出てきた。また、きびしい講義を非常に喜んでくれた人もいた。私は、これを私の先生の評価と思っている。たしかに、私は非常にきびしくやった。しかし、諸君はそれなりに対応してくれた。私は、この冷酷、恐怖という私の授業に対する評価を喜ばしく思っている。

——省略（原文と同じ）——。この東高は自由で、のびのびとした校風を誇っている高校である。これほど、のびのびと生徒が生活している高校は、ほとんどありません。だが、残念ながら努力という点では他校並みだと思います。みなさんは非常に大きな可能性をもっています。この伝統のある名門校にいる諸君は、かならず、やれば、できます。ガンバッテください」

僕はこの話をきいて、実にもっともだと思った。この先生には僕たち元一年D組も週二時間教えてもらったが、たしかに厳しい先生だった。入学した当初は、とくに指名しても答えられないと、

「君は予習、復習をしていないな」

などなどイヤミをいう先生で、あまり生徒には人気がなかった。考えてみると、向井先生とスキー訓れんにも行ったし、チョコレートももらったたし、本を忘れた時は、

「なまけとるなー」

などと、いわれたりした。

たしかに、きびしく、イヤミをいう先生ではあったが、その奥にそこ知れない温かさがあり、

きびしさの中におもしろさ、ユーモアもあった。そういえば、修学旅行のほうこくだと言って、授業を半分つぶして話をしてくれたのは、あの人だけだった。また入学した当時も、

「きみたちは中学生の時は優等生だったが、東高に入り優等生がたくさん集まると、またその中で劣等生が生じる。それはしかたのないことだが、努力すればいい。たとえ劣等生でも……」

と新入した不安いっぱいの僕たちをはげましてくれたのはあの人だったし、年が新しくなって、少し今日はザワザワしているなと思っていたら、案のじょう、

「今日の授業は、たいへんうるさかった。いつ静かになるかと期待していたが、残念ながら終わるまで、うるさかった。私もこういう風だとやる気をなくす。今度、こんなことが続いたなら、道徳の勉強をします」

と、みんなを静かにさせたのもこの先生だった。ああいうような先生が、この東高の先生なんだなと思った。

その他、教えてもらった先生の中では長谷川先生が、〇〇高校へ行かれた。あの先生も週二時間だったが、熱心に教えていただいた。やはり授業をつぶして、話をしてくれたことが頭に残っている。

それから短い間だったけど、南先生、実にユニークな先生で、いろんな話をしてくれたが、とにかく笑顔が印しょうに残る先生だった。

その他、沢田先生、丸岡先生、船越先生などがいろいろと話をしたが、みんな共通していたことは、この東高校は伝統のある高校であり、諸君は多大な可能性をもっている。また、自由で、のびのびとした校風で、生徒自身たいへんのびのびとしていた、ということだった。

とにかく僕は、伝統ということも自由ということも誇らしげに感じた。高校生活、のびのびと暮らさないでどうする。

二度とない青春なんだ。

## 56 (スカートが風で)

4月30日

遠足が、あと4日ほどたつとあり、2日、3日は連休、それで4日に遠足から帰ってくると、即、またも休み、なんともはや明日からの5日間はgolden week、だハハハハ……。

遠足の行き先は宿場町だとかで、まあ、あんまり大した所じゃあないようだが、勉強するよりは女の子の顔みてた方が、はるかにましというワケ……。まあ、言ってみれば遠足で楽しいのは、バスの中が大半をしめるのであって、行き先はどこでもいいんだけど、どういうワケカ、野郎どもバカリの理系とあっては、そのバスの中のお楽しみもオジャン。俺好みの女といえば、麻美ぐらいだが、おれの見たところ、おどろくことはない。あの感じのが3～4人いたら話は別だけど……。

ところで女の子といえば、今日、和男といっしょに体育教員室の前を歩いていたら、雅子チャ～ンがテクテクテクと歩いておりました。そこへ、イヤラシイ風といおうか、春の何とも言えない暖かい風がサーサーと吹いたのでありました。そうしたら、ナニナニ（スカート）が、ヒラ～。

僕は、そういうのはまったく興味はなく、むしろそういうのは、げんめつするので、見たくはないのだが、やはり風もほどほどにしたのか、例の物は見えなかったのでした……よかった。

その後が僕の感情を高ならせたのでありました。ナニナニ（スカート）をおさえているその姿、まさに色気というよりはカワユサ。パーマをかけたshort hair（ショートヘアー）の髪の毛がチラチラ、バサバサ～。そして、セーラー服がパタパタと波うったのでありました。そして、その波うった髪の毛の間からはカワユイ顔がニコニコ……。アホカ！〈でも続けます〉

そのカワユサとは、もう、この地球のものとは思えないほど〈チョット、オーバー〉、そしたら彼女、近くにいた和美〈少しブ○○○？〉に、

「和美、見えた？」

そしたら和美の奴、見えもしないのに、

「見えた、見えた」

とニカ。アホカ、イイカゲンにしろ。見えてたまるか。でもカワユイ女の子は、イイデスネ～。

しかし結論、人間はheart（ハート）♡だよ。「ある日の物語」

英語構文の研究　６５０円　安いネー。

## 57（アイパー）

五月五日　祝日

今日はこどもの日で、お休み。世間は、ソレ、レジャーだ、休養だと騒いでいるようだが、こちとら世間の裏通りを歩く必殺下宿人。昼の一時半まで穴グラと呼ばれる部屋で、グーグーと寝ておりました。ＧＷとはいえ、こちとら学校で勉強しとった方がいいという感じ。

とにかく、最近おもしろくない。チクショーメ。

その原因の第一は、おととい半年ぶりに田舎の床屋へ行って、髪をバッサリやってもらい、ついでに２８００円でサイドバック型にアイパーをかけてもらったが、ソレがソレがもうヒドイ○○で、昨日の遠足も会う奴ごとに、「おまえアホカ……」というワケ。中には「オマエ、金をかけて顔をみにくくしとるなー」という、自殺をしいるような奴までいた。中には貴重な存在として、「カッコイイナー」などと言っていたが、これも本トかウソか……。

ああ、もう学校へ行きたくないョー。オレは床屋で長目にやるように言ったのに、どういうワケか、オレからみたら超短目。むこうにしたら長目のつもりかもしれないが……、とにかく

２８００円もかけて、雨の降る中を家の人に送りむかえしてもらって、金と神経と時間を大幅に使ったのに、残ったのがこのざまとは、もう絶対に、あの床屋には行かんゾ……。

かがみで見るかぎり、学校へ行けないというほどでもなく、見る人によってはマアマアという感じかもしれない。自分から見たら、世間並みという気がした。とにかく一月の間、ガマンしよう。そうすれば、きっときっと、カッコよくなるサ……。


その恐怖の遠足も雨はパラパラと降るし、行き先は古ぼけた宿場町とあっちゃあ、遠足どころか恐怖の旅という感じで、おもしろくなかった。やってきたことといえば、10キロほど山道を歩いただけ。アホみたい。

でも女の子の顔をいろいろと見てきました。

## 58　一冊の本から

五月八日(土)

今日、ある非行少女を中心としてまとめてある本を買ってきた。おもしろかったので、いつの間にか百ページもよみ終えていた。それを読んで、現在の非行のはげしさに驚かされたと同時に、人間の心について考えさせられた。

人間には、表面はいかにもワルに見えても、必ずホロリとするような純粋な心がやどっているはずである。それを人間のはずかしさとか、見栄とか、一時の感情がその人の心を黒く染めてしまって、まわりから見たら悪い人間に見られるのだ。

だから、そういう人間の心理というものを理解し、黒く染まった心を無視し、純粋な心を見つけようとする人を僕はすばらしいと思う。また僕もそういう人間になりたい……。

そして彼女たちは社会から捨てられたせいか、常に孤独を感じ愛を求めていたようだった。


愛……。だれもが望むように僕も愛がほしい。

自分の周りの人の愛、自然に対する愛、幸福に対する愛、愛に対する愛。

愛は愛する心があればどこにもあるし、なければ世界中どこにもない。

人々は愛を求めるために自分を着飾り、働き、ふりかえり、反省し、耐える。それはすばらしいことだと思う。

人間は愛を愛する心がなくなってしまったら、生きている価値がないし、希望もない……。

人生は愛するためにあるといっても過言ではないのではないだろうか。

五月十一日㈬

## 59　詩

今日、緑化委員会があった。今日は眠たいので詩をひとつ……。

ああ、ソレカラ思い出したんだけど、今日、席かえをやった。ちょっと前の方なので、いやなんだけど、前と同じように光田や田中の近くだからいいや。

## 青春の心

空が青く
そよぐ風がさわやかに吹き通る時
青春を感じる
舞い散る雪の中を突っ走る時
青春を感じる
青春の心は赤く燃えることもある
青春の心は悩みでいっぱいになることもある
青春の心は失望におちいることもある
青春の心に安らぎなんてありはしない
夢中に突っ走るのが青春の心さ
理想を追うのが青春の心さ
無知で愚かなのが青春の心さ

高校二年生

だけど　それを見下げちゃあいけないんだ
なぜなら　それが純粋な心をもってる証拠だから……
だから　青春の時でないと純粋なことはできないんだ
青春　青春　アア青春

## 60　空田下宿中毒事件

五月十四日(土)

今日、朝起きてみると、オバハンが「古江君、何ともない？」といきなり聞いたので、何かしらと思ったら、三人ほど腹がいたくて苦しみ出したというわけなんだそうだ。僕カー何ともなかったので、「どこも」と軽く答えたが、夕方になったら九人中三人重体？　二人軽体？　一人クニャクニャ（利人君）、三人元気はつらつというわけなのです。

五人は昨日から今日にかけて何度も吐いたようで雅夫もその中の一人。重体は友美さん、雅夫と洋子さん。そしてピンピンしているのが、この我輩と明子さんと靖代さん。どういうわけで、この三人がピンピンしているのかわかんないけど、粗食につよいなどということではなくて、まあ体調がよかったということでしょう。

それでその後、夕方の六時ごろから、おじさんが車にのせて、医者へ五人ともつれて直行。いやはや、おつかれさんでした。おばさんも飯を食べる暇もなく、医者やおかずの会社へ電話をかけておりました。おかげで飯の用意ができたのが、何と七時。なぜか元気な我輩は、お腹がグー。しかし我が同志、下宿人がピーピーで苦しんでいるのに、こんなの何なのさ！　というわけで耐えしのんだのでありました。あー何という下宿人根性。泣かせるなー。

やがて病人連中が帰ってきて、わが下宿はまたも騒々しくなったのでありました。おばさんがおかゆを作るワ、食べとる最中に、またも吐き出す人がいるやで、もう今日はわが下宿も大ワラワ。おかげで、こちらは中間テストが近いというのに、気になって気になって勉強ができなかったのョ。コレ、ドボシテクレルノサ。

もしかしたら今ばん、私も苦しみ出すんではないかな。ゾゾゾのゾ、ゲ！　コワイヨー。

## 61　すべての世界

五月十六日(日)

なぜ人間は考えようとしない。現在の自分のいる世界のことを。

いや人間は、それを考えたかもしれない。しかし、その考えたということは、単なる上辺だけを考えたということにすぎないと僕は思う。

この地球、宇宙という無重力の中にある一つの固まり、その上で生活している、我々人間。それは物理的な世界についてである。

それと、もう一つの世界、すなわち心の世界。現在の心の世界は、現在を生きているとした時の生きている世界である。

すなわち世界はいくつもあるのではないだろうか。しかし、その世界は重なって存在するのか、離れて存在するのか分からない。重なって存在する場合にも、ふた通りある。一つは物理的世界と心理的世界の重なり。これは現に我々の地球の世界である。

しかし、この地球上のいろいろな事象、事件から考えると、心理的世界の重なりもあったような気がする。例に出すとオバケとか、死後の世界へ行ってきたとか、そういうようなの。

とにかく人間は、この我々のいる世界のことしか話すことはできない。世界などと軽く言うべきではないのだ。

世界のことを考えると自分の行動がバカバカしくなる。しかし、そう思うことの方が、それ以上に愚かしいことなのである。


僕の場合について考えてみると、勉強して生きるも、遊んで生きるも同じ生きるということなのである。同じ生きていれば、時は同じようにすぎていく。

しかし、同じ生きるということではあるが、その行動が人間に与える影響は絶大なものがある。だったら、よい方をとるのが人の心というものであろう。そしてその幸福は、つかの間のものかもしれない。しかしその次もまた、それを求めればイイ……。

人生とはそんなものである。

人間は、すべての世界について考えてはいけない。考えれば、今の自分を見下げ、疑問を持つからだ。

人間は、今に生きればそれでイイ。

文章の感想

1 断章が多い。
2 内容が次から次へ変わってしまい、いいたいことがはっきりしない。

## 62 我が先公アラカルト

五月十七日㈪

我が高にもいろんな先生がいる。我輩を教えてくれている先公について、紹介することにしよう。

『燃えてる私』という感じなのが、○○と○○だろう。まさしく、この二人の先生は、カッカッと頭に血がのぼり、息つく暇もなく、しゃべりまくり、講義に熱中する。○○なんぞは、へたに予習なんかしてなかったら、もう三回分ぐらいの予習をしなくちゃあならないんだから、たまらない。

その次、

『しらけてる私』、これは何といっても○○だよな。まさしく白ケ〜である。あれほどまじめに生徒を笑わせようと努力しても、必ず白ける先生は我が校といわず、この市内にはいないであろう。白ケの天才なのだ。

その次は、

『眠たい私』、これは○○と○○があてはまる。特に○○は一つのことを調べるのに三十分もかかったりして、全然、進まないために、ついに、この科目の中間テストは中止。とう然、○○の授業はアホクサイから眠たいにきまってる。

それから、○○の方は一人でペラペラとしゃべってるけど、これまさにくどすぎるという感じ。まるで我々が耳が遠いとでも思っているように何度もしゃべる。うっとうしいって何の。もう眠っちゃお〜ット。

それから、

『適当にやってる私』は、まあ、どこにでもいる先生でしょうというやつ。それは○○とか○○、それから○○なんかが、それだ。まさしく、教え方は平凡でたいくつなのです。

それから最後に、おもしろいことを話すのが○○なんかがそうだ。あの人は授業以外のことについても話してくれるのでおもしろい。

それから、よく考えたら、○○や○○、○○とかも『適当な私』に入ったっケ。

まあ、〇〇や〇〇、〇〇なんかも、なつかしいけど、この先公と、これから十カ月間のおつきあい。

まあ、ヨロシクナ。

## 63 アグネス・ラム

五月二十六日㈬

今日は中間も終わったので、エロ本でも買おうと思って、プレイボーイを買ってきた。そしたら何と！　あの憧れのラムチャンが、デカデカと、それも五、六ページにもわたって、のっているではないか。ああ、この胸のトキメキ……いふも愚かなり。

そして、さらにさらにすばらしいことは、彼女は水着姿なのであったのです。小麦色に焼け、そして、しゃく熱の太陽の光にジワリ、ジュワリと光る肌。そして、その顔たるや女神のごとく微笑み、そのくちびるからは白い歯が顔をのぞかせているのです。まなこ（目つき）なんかも、見つめられると、アレーと叫んでしまいそうな、美しいともカワイイともgrand（優雅）ともいえそうな、それなんです。

彼女を見るのは、写真や宣伝だけなんだけど、その体から発散される雰囲気はラムの心をえがいているかのようなのです。そう、彼女はたしかにすばらしいプロポーションをしていますが、我輩はそれだけにカッカッと赤く燃えているのではないのです。雰囲気、雰囲気なんです。

我輩が彼女にゾッコンいってるのは、どんな雰囲気かというと、しゃく熱の太陽に照らされた砂浜にたっているパイナップルの木を通りすぎて行く、なまあったかい風のにおいみたいなんです。おかしな発想かもしれないけど、そんな感じ。

とにかく彼女は、僕の理想の女性、そして、その理想の女性は恋人であり、お姉さんであり、そして……すべての女性像（ババアは除く）の基本なんです。

こんな恋人がいたらな〜って、よく思うんですョ。でも人間、理想を持っている時ほど、これからの人生に光明を見れる時はないのではないでしょうか。もし我輩が、彼女をD？（妊娠）までものにしたら（?）、今の心境と違ってしまうかもしれません。

アグネス　ラム

五月二十六日（水）

今日は中間も終わったので
買ってきた。そしたら何と
それも、五、六ページにもわ
トキメキ……い心も愚か
は、彼女は水着姿なのであ
しゃく熱の太陽の光に、シワリ
女神のごとく微笑み、その
るのです。まなこる（目つき）
まいそうな、美しいともカワイイ
そして、彼女を見るのは、写真
される雰囲気は、ラムの心をえ

でも現実に、現在は、こういう理想をもっているんです。理想の女性像＝アグネス・ラムとは、よく言ったもんだナァーァー。

しかし、俺も暇だネ〜。

## 64 高校生活……etc

六月二日(水)

二年生になって早二カ月が過ぎ去った。たしかに四月初めの頃の、あの固く緊張した雰囲気とは違い、生活全般がゆるんできたように思う。

友達ともホボ全員と話すようになった。ただ女子と加藤と杉田と平なんかとは、あまり話したことはない。三山や鈴木、杉浦なんかとは軽く話したことはあるが、真に話そうと思って話したことはなかった。

だが、中間テストもおわり、これが理系の、すなわち男ばっかりのクラスの雰囲気なのかといった感じで、この雰囲気からすると、これから先が思いやられるといった気がする。

なぜかというと、まず第一に男ばっかりなので、女子のあの気性、ゲラゲラ笑ったり、ヒソヒソと話したりというのがないので、何かと静かになりがちである。たしかに男ばかりだと、女がいないからメチャクチャなことをやってはいるが、そのうるささというのは、男と女が均等にいる時の騒音とは違って、温かさがないような気がする。まあ簡単に言えば、暇が多すぎるということだ。

そして第二の困った点は、女の子がいなくてさみしいという男心。とにかく、まわりは前も後も、そして左も、ああ……右も、これまた男、男、男……。ジロッとにらむと、ニヤけた男がニカ！　――ゲボと吐いてしまいそう。

とにかく、殺風景の原因は、これすべて女の子が足りないことにある。一クラスに香奈や美子、雅美なんか、カワユイ子がズラーといたら、これまた目のやり場には困らないであろうに。これでは、楽しいはずの修学旅行もバスの中なんかでは、オジャン……。アア、もうダメダ。

しかし、ここで気を取り直してみると、クラスには女の子は少ないけど、廊下に出れば、また、水なんか飲みに行けば、またまた、パンを買いに行けば、右を見ても左を見ても、いるわいるわ、女女女……女。そして、その中から有名人を捜すのだが、なかなかいない。そして、あ！　○○○さんだと見つけると、なんとなく○○○の気分。

こんなこと書くと、お前は欲求不満か？　と思われがちだが、この文章を書いているうちに、ちょっと気に止めるようなことまで、大げさに書いてしまったりして、本当は充分、満たされておりますから、ご心配なく。

とにかく俺はメンクイなのかな。ウヒョウヒョ。

65 詩

六月三日　午前一時

十六年目の人生

君は十六年生きた
そして君はもうすぐ
十七年目をむかえようとしている
君の心は　十六年目の人生の想い出で
心の中があふれてしまっている
その心は温かくもあり冷たくもあった
しかし　だれかも言ったように
人生には
曇りもあれば晴れもある
そして時には　さらに悲しく
灰色の空から大粒の雨が
涙と共にふることがある
そして時には

高校二年生

暖かい　すがすがしい秋風が
身体をよぎる時もある
だけど　灰色の空は
十六年目の人生の上にはなかった
あったのは　まぶしいほどの
情熱に輝く光と　春風秋風だった
そして　ほんの少しの
灰色がかった白い雲だった
君は　十六歳になる十二時の鐘を
聞いて思うだろう
十七年目の人生も
必ず　光輝く
青い空におおわれたものにしてやろうと
そして　十六年目の人生は去っていく
人生で最も重い大切な日々をかついで
その荷物は　決して忘れられない想い出で
あふれていることだろう

そして必ず
最後の十六年目の人生の日の想い出も
その荷物につめこもう

## 66 限界状況

六月七日(月)

おととい、私は田舎へ帰った。金が入る。ようし、目覚し時計を買おう。新しい水泳パンツを買おう。シャツを買おう。私は小おどりして帰った。実力テストが近づいて、少し不安ではあるが、土曜の一日くらいはとテレビをずっと見ていた。洗濯もした。それで、日曜の四時半のバスで帰ろうと思って安心しきっていた。

そして日曜の午后、私は三万円要求した。そしたら、なんと……ああ、この悲劇。家には千円しかなかった。なんということだ。下宿代はどうする。集金はどうする。自分はそれを聞いた瞬間、「アア、今度もか」と、さほど顔にも、そのやるせない気持ちを出さず、ため息をついた。

私の家は家を建てて、現在、経済的ピンチにあることは確かだ。しかし家の大きさは60坪、黒がわらに白壁、そして戸箱は金色に輝いた銅板製。そして家の中には大きな戸棚とステンレスの流し台。一見すれば、まさしく、お金持ち（マチガイ！）というところだが、現実は千円しかない。ああ、なんという社会の裏表だ。この事実を私たち家族以外、誰が知りえようか。本当におかしな現実である。

父のやりくりが、へたなんだと私は非難したい。しかし、それはどうしようもない。私の家には山や売れる木もある。だが、父は、それをしようとはしない。

そして、何も処分せずに、家を作ろうとしている。しかし、その一見、すばらしい冒険の裏には大きな落とし穴があった。その結果、息子の下宿代も、ろくに払えなくなってしまった。なんとも、こっけいな話である。

仕方ないので、月曜の朝、じいさんの家に行き、とりあえず四千円借りて下宿へ行った。下宿代は二、三日したら、二、三万円ほど入るそうだから、もってきてくれるそうだ。しかし、今が田植で会社にも行けないから、こんなことがあるんで、二度とこんなことはないだろう。また、あっては困るのだ。

私は、お金の入る時こそギリギリだが、決してお金に困っているようなことはない。だから、必要なお金が入るのが少し遅れたのを悲しいと思わない。もうなれてしまった。

また、青春はお金にはまったく関係ないし、そう思う気持ちが大切であると思う。

# 67 不幸

六月十一日㈮

先週から待ち望んでいた下宿代が、ようやく夜中の十二時に下宿についた。そして、それを手渡した男は下宿の裏側へまわり、私の部屋の窓をたたき、私をただ、にらんで何も言わずに三万円渡したのであった。

そして私は、その男に対して「なんだー」と言って、その四つ折にされた三枚の紙ペラを奪いとるようにして、その一週間待ちつづけたものを手に入れたのであった。ただ単に下宿代という金、それのために我が親子は身をすりへらし、心を痛めなければならなかったのだ。

この夜中に起きた、一見、異常な光景の起こる前には、我々親子以外に想像もできないようなドラマがあった。男は一週間前、下宿代はないので、とりあえず祖父宅で学校の集金分だけ借りて、私を下宿まで、しぶしぶと送り届けたのであった。そして下宿代は二、三日のうちに持って行くと言った。しかし、二、三日がたってもいっこうにもってこないので、電話すれば「寄合があった」などと調子のいい事をいう。

そして、翌日もって行くというので安心していたら、また持ってこない。私は電話の中で怒った。そしたら明日こそ必ず持って行くと言った。私は、それを信じて（下宿の）おばさんの冷たい目をのがれるようにして部屋にとじこもった。おばさんは、そんな冷たい目などは持ちはしないだろうが、一人だけ下宿代を払わないことを異様に思ったに違いない。それで、なんとなく自分が情けなくなり、おばさんの態度まで冷たく感じてしまう。

そして、その夜十時までに行くと言ったので、下宿近くの店で黙々と待っていた。待つこと四十分。それらしい車がくるのを見ては走り、まだか、まだかと待った。そして十時をすぎたので私は電話をかけた。そうしたら受話器がはずれているらしくて通話不可能。私は怒った。なぜなら奴らは、わざと私が電話をかけられないように、受話器をはずしたのだろうと私は推測したからである。

それから私は四度、家へ電話をかけた。そしたら遂に出た。

「持ってこんのか」

「オオ、農協の人が来てな」

「必ず十時までに持ってくるって、さっき言ったじゃあないか」

「……」

「バカヤロウ、おまえら、エエコロナ（イイカゲンナ）奴らだなー、マアーイイワー」と私はどなった。

そして私は怒りも悲しみも、やるせない気持ちもすべて背おって、情けない思いをさらに強くもって、おばさんの前を通りすぎた。そして、それからの一時間は勉強が手につかなかった。私はおばさんへの体面がはずかしかったから、やるせなかったのではない。親の無責任さと、頼りなさに腹がたったのである。

それから一時間後、男は私の怒りにこたえてか、下宿の窓をたたいたのだった。私はその時、やはりやるせなかった。私は不幸には、めぐりあいたくない。

しかし、私はあまりにみじめな純粋な心をもっていた。神経質で愚かな性格。私は自分自身がいやになった……。

しかし、私は希望を捨てない。

六月十四日(月)

## 68 詩

### 明日がある

明日がある
にごった溝に流れる水にも
必ず明日がある
それはきっと大河へ流れ
果てしない海へ流れつくだろう

明日がある

可能性を常に潜めている若者がつぶやく言葉
それは決して今日を逃避した言葉ではない
それは明日に夢をもち
今日を美しく飾る言葉なのだ

明日がある
無限の可能性と神秘なものをもった言葉
若者はどんなにつらくても
一語で立ち上がる
明日がある
その一語で……
だから今日もその明日を求めて歩こう

実力テストが明日から。勉強したことを、そのまま出せば、四十番内は何とかいけるだろう。チクショーメ、テストばっかりで……。テスト終わったら、思いっきり泳ぐデー。

明日がある
六月十四日(月)
明日がある
にごった溝に流れる水にも
必ず明日がある。
それはきっと大河へ流れ果てしない海へ流れ
明日がある
可能性を常に潜めている若者がつぶやく[illegible]
それは決して今日を逃避した言葉ではない。
それは明日に夢をもち、今日を美しく飾る言葉
明日がある。
無限の可能性と神秘なものをもった
若者はどんなにつらくても
一語で立ち上がる。
明日がある　その一語で……。
だから今日も、その明日を求めて歩こう。
実力テストが明日から。勉強したこと

69　詩

六月十六日(水)

朝

ブゥー
けたたましい目覚ましのブザー
私は反射的に飛び起きた
そしてパジャマのままで
顔を洗いに部屋を出た
フト鏡をのぞくと
オレンジ色の朝日が
私の顔をそめて
生きている色をかもし出している

あー気持ちいいなー
私にとって
これは大きな発見であった

高校二年生

あんなにいやだった朝
十一人が住んでいるこの下宿で
私はただ一人
朝日にそめられている
ようし今からヤルゾー
私は身をひきしめて机に向かった

○単純明りょうな表現でつづった詩であるが、やはり技巧をたくみに使いたい。すきま（まとまり）がないというのもよくない。

六月三十日

## 70　滅亡

人類には必ず滅亡というものが待ちかまえているはずである。もちろん地球も太陽系も例外ではない。

では宇宙はどうかと考えると、ちと困る。現在、地球を取り囲んでいるものを宇宙とするならば、それは必ず滅びるはずであるが、地球のあるその位置、空間を宇宙とするならば、それは滅びるのか滅びないのか、わからない。その問題は、ある（有）というものが滅びて、なし（無）というものになるかという問題と同じである。しかし無というものは存在しないような気がする。なぜなら、そこには無というものが有るから。

とにかく、こんなバカデカイ事を考えていると頭がこんがらがってくる。しかし滅亡という言葉は人間が最も恐れている言葉であることは間違いない。そして、それは着実に我々の身に迫っているのだ。

ノストラダムスではないが、これからの人類の予言をしてみるのもおもしろい。現在の地球の様子などからすると、人類が他惑星へ移り住むということは、自力でしようとするならば、相当の期間を要すると思う。そう七百年ぐらいはかかるような気がする。

しかし、それ以前に人類には数々の危機が待ちうけているだろう。気象の方は大丈夫だと思うが、核が最も危ない。そんなことはあってはいけないのだが、ここ百年の間に原爆の一つや二つは地球のどこかに投下されるような気がする。そうかといって核戦争にはならないと思う。そして放射能の原因によって、各地で奇形児が生まれることも充分考えられる。

とにかく、人類の滅亡は、そして宇宙の自分自身の滅亡は今すぐ起こっても不思議ではないのだ。

## 71　世紀の大決戦／アリ対猪木

日付なし

なんと、猪木は必殺寝わざでアリの足ばかりけっていて、アリはメガトン級パンチは一度も出さずじまい。それどころかアリはジャブを三、四回出しただけだし、猪木も期待したワザは一つも出ない。

あれで相方、何十億、何億ともらうんだろうから、驚いたョ。それでもって引き分けなんて、ドウナッテンダ。

## 72　悲劇の日

七月六日

今日のテストはRと物理。そして最初のRの時間に悲劇がおこったのであった。

きたない話だが、朝からオナラがやたらと出るんで便所へ行った。そしたらクソは少ししか出ない。これは出ないんだと思い、テストにのぞんだ。そして、はじまって五分もたたないうちに下腹部がムラムラとなってきて、今にもクソが出てしまいそう。それからの二、三分は、自分自身とクソとの戦いであった。そしたら、だんだんとその苦痛も消え、十分ほどテストにはげんだ。

ところが、またも、さきほど以上の苦痛が自分をおそったのであった。自分は最悪の場合

（ちびり）を考えて、先生に、

「先生！　便所行っていい？」

「チョット、腹がいたいもんで」

と言った。その時は思ったよりもはずかしさもなかった。

そして便所へ行ってやったら、出るわ出るわ、クソが。そしてスッキリして、またテストにのぞんだのであった。

別にみんな、へんな奴だとは思わないだろうが、あまりいい感じは受けなかっただろう。きっと麻美ちゃんも「変な子ネ」と思ったのでしょう。しかし、それはそれでいいのだ。僕は、こんな自分、裸の自分にほれてくれる女の子に憧れるから。俺は恥も外聞もすてるのだ。

とにかく今日はテストもあまりさえなかったし金もねえし、いやな日だよ。

ああ、それからまた良夫がタバコもって窓から侵入しやぁがった。奴も好きだネー。

## 73　夏の日

七月二十七日

夏休みも既に一週間余り過ぎた。世間ではオリンピックとか、バイキング一号が火星に着陸したとか、田中角栄が逮捕されたとか騒々しいが、こちとら世間知らずの必殺下宿人。そんなことは、どうでもよござんすと言いたいところだが、やはり気になる。それで、家に三日間ほど帰った。

帰るのに自転車で帰ったが、とにかく苦しかった（約30キロ、半分は坂道）。言ってみれば行きはこわい、帰りはよいよいという感じ。行きに二時間かかったが、その間に缶ジュースを三本飲んだので、汗が五百ミリリットル近く出たんではないかな……。

でも、こんなことは高校時代にしか出来ない、幸福な苦しさなのかもしれない。人は、とにかく思い出の多い人生を歩まなければならないと思う。思い出の少ない人生、平易に無気力に無感動に無目的に生きる人生、そんな人生、無い方がましだよ。そして、その思い出がなるたけ、いい思い出なら言うことないんだけど。

夏休みの生活を簡単に書くと、今日は八時半に起きて飯食って、ふたたび十時までグーグーとお寝んネ。それから数学の補習。数学の補習はとにかく九十分できついが、長い夏休み、女の子を見ないと目に悪いから、我まんして出ることにしている。案のじょう、補習中は女の子の顔や体ばかり目にちらついて、頭にはあまり入ってないという感じ。

昼からは、一時頃から四時までプールで泳いだ。泳いだというよりは、たわむれたという感じ。飛び込みだ、潜水だ、冷水のかけ合いだで、とても高校生とは思えない雰囲気。そして、あきれたのが、正男や悟や徹が必死でアメンボをバケツでつかまえてんの。一匹捕まえては大騒ぎ。アアーこれが高校生かとシツボウしたのです。

そして、そのすぐそばを、上田先生や平先生の息子がモスクワオリンピック目ざして大特訓していたのでした。小学生にも劣る、我ら帰宅同好会連中の行動。しかし、これでイイノダ、ウン。

この夏休み、学校に、田舎に、そして図書館に、下宿に、違った意味で勉強に水泳に、オートバイに女に（いないの）……。

とにかく、忙しい日々を送ろう。それが最も有意義な夏休みなのだろう。

## 74 死

七月二十九日

人は死ぬとどうなるんだろう。ラジオなんかでガンの話が出たりすると、忘れていた死についてふと考えたりする。

どうして死なんてあるのか。あんなに青春を満喫して、はつらつとしている若者。そして、あんなにかわいい娘。そんなものにでもさえ、本当に死があるのか。

死は時として、魅力として受け止められることがある。確かに、年老いて恍惚を人にさらけ出すよりは、死は美しいものなのかもしれない。自分でも、自分の青春だけを残して、恍惚の姿は作り出したくないような気がしないでもない。

それは、青春こそ真の人生で、老いた人間に対しての先入観による自分の偏見であるとも言える。

死後、人はどうなるのか、それはわからない。わからないからこそ、人は絶望することなく生きて行けるのかもしれない。もし死後、何もないとはっきりわかっているなら、なぜ自分は生きなければならないのかと疑問をもってしまうだろう。

そして、たとえ死後の世界を否定する人でも、心のかたすみで死後の世界を肯定しているのだと思う。反対に、その世界を確信している人でも、もしかして何もないんじゃあ……という不安も多少なりともいだいていることだろう。死について肯定はできないが、死とはそんなものじゃあないかな。大きな魅力でもあるし、絶望でもあると。

人は死について何も知らずに、関心をもたずに生きて行けば、それが最も理想的だと思う。そうすれば、人の心の中には一生、死は存在しないからだ。

常に、今の世界の中で必死に生きようとする、それが最も美しい人間ではないだろうか。死について考えたりするのは負け犬の人間のすることだョ。まして、いい若いもんが、そんな気になるとはなさけないネ。

勉強でも女の子でも、とにかく何でもいいから、後ろを一度もふり向けないほど夢中に生きるようにしようや。

# 75　オレの顔（人間の価値）

日付なし
高校二年生

どうして、おれはこういう顔なのでしょう。父親の遺伝子と母親の遺伝子が複雑な高等数学と高等物理、さらに土木技術、建設技術をこなした上に出来上がった末のものなのでしょうか。それが設計通り出来たか、途中でミスしたかは、あっしの責任じゃあございませんよ。

とにかく、男の顔のよし悪しは女にしかわからないんで、自分で自分の顔のことをズバリ評価することはできないが、女の子みんなが日夜、想い続けるほどの美男でもなければ、クソをひっかけて足でけっ飛ばしたいような極たんなブ男でもないというところ。

しかし、こんな年頃の男、女は自分自身に対して非常な自信を持つという傾向があるらしく、自分自身も時として、自分は何と美男なんだろうと思う時もあれば、人前に出るのがイヤになるほど何とブ男なんだと思う事もある。そんな不安定な想いを持っているのだが、本当はどうなんでしょう。

まわりの女の子の言動から考えてみると、ウ～ン、十段階評価で六～七というところかな……。もちろん、それには身長やなんか全部入れてだけど……。ちょっと自信過剰かな。でも、まん中以上だけは自信あるんだな～。

話はかわるけど、この世の中、人間の価値を考えてみると、社会人は金、学生はもてるか、もてないか、そんだけよ。社会人で、いくらハンサムでも、金と地位がなければダメ。反対に学生は、いくら社長の息子で天才でも、サルがへをこいたような奴は、からっきし人気がない。社会なんて、そもそも不平等なのよネ。生まれる前から決められちゃうんだから、顔にしても、身体にしても、生活環境にしても、全部、アーモウイヤ。

だけど顔や身体も、そして勉強もすべて努力で回復できるものと信じている。だめなものがあれば、他の物でカバーすればいいのだ。同じ人生ならば、思い悩むよりも楽しく生きようや。すべて人より優れている人なんていないんだからネ、ネ、ネ。

七月三十一日

## 76 詩

人はらくだ

果てしなく続く砂漠
行けども行けども砂ばかり
そんな中を一歩一歩確実に歩く一つの影
それはらくだ
孤独と戦い
砂と戦い

暑さと戦い
そして飢えとのどのかわきと戦うらくだ
彼は決しておびえたりしない
そしてあわてない
彼の顔は常に余ゆうを浮かべている
時として緑の木と水に囲まれたオアシスもある
そして　つかの間のシンキロウもある
しかし　彼は決して油断しない
そのあとすぐ　また砂漠があることを知っているから

人はらくだ
長い長い苦しい旅をするらくだ



## 77　修学旅行（前夜）

九月六日

高二もいよいよ第二学期へと入った。今は押しも押されもしない立派な高校生だと自分自身自覚している。しかし高校生活とはこんなものかと疑問をもつことがある。それは自分自身、すなわち高校生として生活してみて、他の年代とどこが高校生活は違うんだという疑問だ。簡単に言えば、大学を目ざしているただの人間としか言いようのない人間のような気がする。

しかし、それ以外に何か情熱的な他の年代と違うものが必ずあるような気がしてしかたがない。それで自分は、どうして自分は立派な高校生でありながら、こう生活が単調なのだろうかと自問してみた。そしてついに結果をえた。それは正しいかもしれないし、違っているかもしれない。ただ言えることは、このことは今の僕にとっては試みる価値が充分にあるということだ。

それは、高校生活の情熱を持つことなく切り開いて行くということで、具体的に言えば、自分はそのうち、すばらしい恋をするだろうとか、高校時代に一生の思い出となるような旅を何回もできるだろうとか、または一生の友人となる人がその

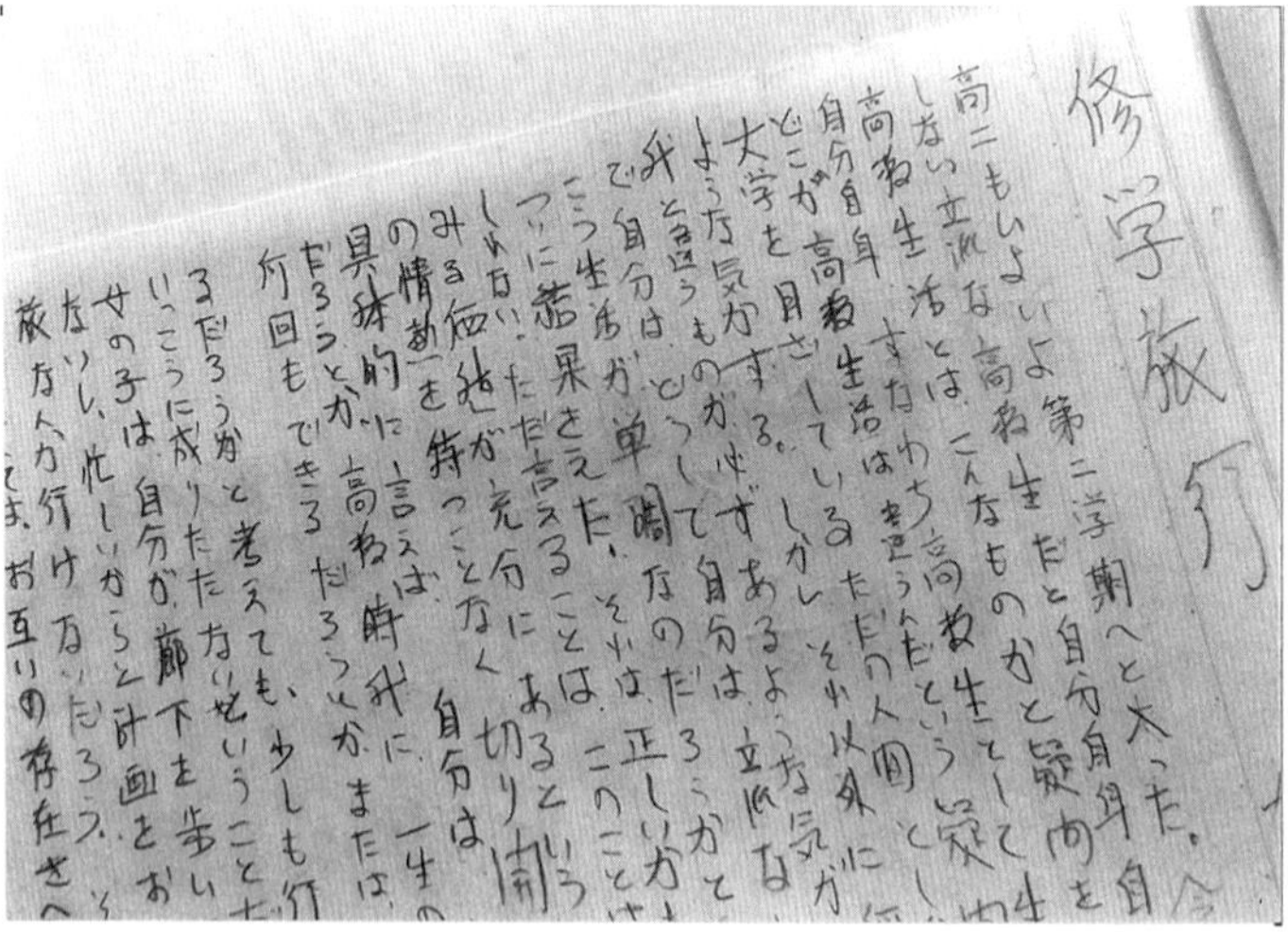

うち現れるだろうと考えても、少しも行動をおこさなければ、それはいっこうに成りたたないということだ。

女の子は自分が廊下を歩いているだけでは声をかけてくれないし、忙しいからと計画をおこたったら、三年の間、一度も旅なんか行けないだろう。そして一生の友人となる者も声をかけなくては、お互いの存在さえ知らずにいる。それは成功するかもしれないし、失敗するかもしれない。むしろ、はるかに失敗の方が多いだろうと予測してアタックするべきである。失敗を恐れてアタックしなかったら、成功するどころか、後々その事を悔やんで生きていかなければならないのだ。

そして今まで、この事に気付かなかった自分の前半の高校時代は、どちらかといえば悔いが残るほどでもないが、バラ色に輝く世界でもなかった。自分にとって、この一年半の間、何よりも幸せだったことは、特別の悩みもなしに自分自身を〝俺が真の高校生だ〟と自覚して生活できたことだと思う。

そして楽しいこともたくさんあった。スキー、キャンプ（一日だけ）、体育・文化祭、春休みの魚つり。今、考えてみると、その時は決しておどり上がるほど楽しくはなかった。しかし今、ふり返ると鮮明なバラ色のように美しくよみがえってくるような気がする。

そして、これからの一年半の間、明日からの修学旅行を再出発として、バラ色の情熱に挑戦してみたいと思う。文化祭も、そして体育祭もスキー訓練も俺を待っている。そして日常生活でも常に挑戦する。いつも部屋に閉じこもってないで、オートバイで青空の下を風を切って突っ走ろうじゃあないか。時には徹夜で酔っぱらいたいし……。

できそうでダメなのが女の子。これぱっかしは自分の思うとおりにいかない。自分の今の気持ちとしては、第三者の立場にたって、ちょっかいを出す程度で、特定の人をみつけて愛だとか恋だとか、だ洒落は言いたくないような気がする。それはそれでいいのだと思う。

とにかく、バスを待っているだけでは目的地に行けない。自分の足を使ってバスに乗らなくては……。青春とは成功しようが失敗しようが、それにチャレンジしている人にしか与えられない、そんなものなんだ。

そして明日からは、一生で一番思い出に残るであろう修学旅行だ。今現在は何故かウキウキもせずに、アアーという感じだが、エキサイトすれば、すばらしいものとなるだろう。現在の自分に必要なものはすべて買って、そしてカメラまで買ってもらった。こんなに恵まれている自分に、おれはこれでいいのか、何をすればいいのかと感謝の気持ちでいっぱいになることがある。それには誠実に情熱的に、そして力いっぱい生きればいいのではないだろうか。

明日からの一分一分を大切に、すばらしい一生の思い出となるように行ってきたいと思う。

ポケットズームカメラ　一九八〇〇円
ストロボ　五八〇〇円

まけてもらい↓計　二一〇〇〇円
服、帽子他　一〇〇〇〇円
こづかい　五〇〇〇円
（合計　三六〇〇〇円）

## 78　修学旅行

九月十一日

雨が三日目に降って少し残念だった修学旅行も、いろいろな思い出を残して四日間の日程を終えた。ずばり言って、もう少し楽しいかと思っていたが期待はずれであった。

しかし、そこはやはり修学旅行で、いろんな事があった。その一つ一つは後にするとして、この旅行で感じたことは、自分はなんて世渡りがへたなんだということだ。昔はバカなことをやっていれば、みんなと十分うち解けていた。しかし、高校生ともなると性格の格差というものがはっきりと出てきて、それぞれのグループができる。

自分のクラスでは、だいたい五つのグループに分かれているような気がする。一つは女子。そして新田、藤川、福山たち、三つ目が中田、小山田、小山たち、そして田中、春日、神田で、最後が勝、水沢、立花たち。自分は、どちらかといえば田中や春日のグループに入っている。それぞれ性格がはっきりしていて、一部の者以外は他のグループの者とはほとんどしゃべらない。

　人間にとって一番大切なのは金ではないと、つくづく感じた。金があっても、世渡りのへたな奴は札束を鼻紙のようにしか使えないのだ。


　思い出の中で一番というと、徳村が下田さん（超美人）に写真をとってほしいと言いに行くのについて行ったことかな。徳村に頼まれたせいもあったが、生まれてこのかた、まだ一度もそんな事をした事がないので、一度やってみるかとばかりやってみたワケ。そんなわけで彼女を間近に見たけど、美人ヤナー負けソーョ。

　しかし夜といい、話は女の話ばかりで、チョコレートもらったとか失恋したとかいう話のないのは俺ぐらいでミジメだったョ。もっとも、自分がそういう事をやるのはやめようと決心しているのだから仕方がない。しかし、徳村でさえ生まれてはじめて、天下の下田さんに迫ったのを見た自分は、本当に俺は告白しようと思った時にヤレルのかということを感じた。スコシ勉強した方が……とも思う。

　今は、この一息しか出ないのだ。感情をこめて、アア！

# 79　修学旅行2（告白騒動）

九月三十日

三日目の夜、すなわち宿泊先のホテルでの出来事を書いてみよう。話をすれば女のことばかりの俺たちの年ごろだが、例によって例のごとく女の子の話をしていた。

そして徳村に冗談で、

「いい女の子がおったら、いっしょについていってってやるぞ」

と言ったのが事のはじまり。まさか、あのまじめそうに見える奴に本当にいたのが、そもそもまちがいの始まりで、この俺がヒョコヒョコとついて行かなくちゃあいけない破目になったというワケ。徳村は一年の時から思い続け、今までチャンスをうかがっていたようだが、とうとう修学旅行という最大のチャンスをむかえて、告白しようかどうか迷っていたみたいで、俺が冗談で言ったのを機に奮起したらしい。

それで、その女の子の名前を聞いてビックリ。何と天下の東高の花、下田優子さんだったのだ。もともと行くつもりはなかったのだが、徳村の真剣味をおびた顔をみて、「コレは困ったナー」と思ったのだが、どうやら高校時代が桃色に染まらなさそうなオレには、いい勉強だと決心して仕方なくついて行った。

九時半までに部屋に戻らなくてはいけないことになっていて、その徳村の告白が九時だったので残りは三十分。一度、偵察に行って、またもどって、いよいよ決行の時が来た。

何せ、モテモテの彼女、男の二人や三人はいるだろうとかくごしていたのだが、運よく、いたのは女三人程。

オレは廊下の壁にはりついていた。そして、御本人の徳村は入口で、

「下田さん、ちょっと来てくれません」

と少し赤味を帯びた顔で必死に呼び出した。向こうは少し渋っていたようで、

「どうしても写真とりたいの？」

とちょっと、ぐずぐずしていたのだが、なんとか彼女も廊下へ出て来てくれた。彼女の部屋を訪れて、ほぼ一分三十秒。大奮闘の末の大成功という感じだった。

向こうはわが東高校のヒロイン下田さんのこと、日常茶飯の事なのだろうと思っていたのだが、なかなかどうして、恥ずかしそうな様子だった。壁にはりついて、カメラ片手に終始無言のオレは〝アアー徳村のミジメな姿を見なくてすんだ〟と一安心。

そこへ彼女が廊下へ恥ずかしそうに出て来た。そして、キョロリと見まわして俺の顔をジローと見たワケだ。部屋の中からは徳村一人しか見えないので、きっと〝誰だろ、この人〟という感じで驚いたんだろう。俺としては、彼女をあんな至近距離で見たのは東校入学して以来はじめて。〝アレースゲエ美人〟というのが最初の印象。アンなのを一度でいいから……と思ったりして。

それから、

「二人でいっしょに入ったのをとりゃあイイヤ」

とオレが言ったら、

「まず、一人だけのがほしい」

と徳村がダダをこねたので、奴にズームカメラを渡してやった。そして、ストロボをたいてパチ。それから、オレがカメラをもらって、二人を並べた徳村と下田さんの写真をパチリ。

その写すちょっと前、バッタ（先生のアダ名）がバッタ、バッタと見回りに来て、オレの顔と彼女の顔を見比べて、ニヤッと一笑い。

言っておくけど、オレが好きでやってんじゃあナイゾーという顔で、

「先生、あっちに行って」

と一言。そして、またまた男どもが七人ほど向こうから来たので、すでにストロボランプはついていたのだが、ちょっと待ってもらったら、彼女は恥ずかしそうに徳村から離れた。

そのカワイラシイ容姿、アアッ負ケソー。男どもがすぎさってパチリと無事に事は終わったのだが、男どもがその時、

「古江ー。何ヤットルダー」

ギクッ、ギョッ！

そして明るく応対してくれた彼女に、

「アリガトウ」

と言ったら、彼女は頭を少し下げて、うなずくように部屋に入っていった。彼女の部屋へ行くときもそうであったが、事を終えて帰って来た時も、たしかに二人の足どりはたどたどしかったみたいだ。つきそいの俺でさえ少し変だナーと思ったぐらいだから、徳村なんぞはガクガクだったんだろうな。奴の声さえ少しおどっていたみたいだ。

でも本当に明るく感じよく応対してくれた下田さん。出来上がった写真を見ても、そして数々の写真を見ても、まわりにどことなく感じのイイ雰囲気を残して写っている彼女。本当にキマッテルっていう感じ。そんな人間を見ると、本当に人間はどうしてこう背負う荷物の重さが違うんだろうと考えてしまう。だけど人間でやはり一番尊重すべき事は心だということは忘れてはいけないと思う。

オレの高校時代は、自ら色をつけようとも思わないが、まずピンク色に染まることはないだろう。勉強に励み、笑い声のある高校生活、情熱のある高校生活が送れれば、それですばらしいし、青春だと思う。僕は彼女のように、すばらしい魅力はないが、それに負けない心と努力を持ちたいと思う。

青色の高校生活。それが一番ダョ。

# 80　オモロナイヤンケ！

何故かオモロナイ
チクショウメ

大学が何だ　金がなんだ　女がなんだ
エンタが酒が　何だってんだ
成績なんか　クソクラエ
顔がなんだ　文化祭なんかぶっつぶれ
ろ
理由もなく　頭にくるこの世
チクショー　オレを夢中にさせる情熱
強烈な刺激は　どこにもないのか
こんな高校が　ナンダナンダナンダ
ただ今の俺は　理由もなく
バカヤローと　叫んでみたいんだ
誰にも恨みもなければ　憎しみもない

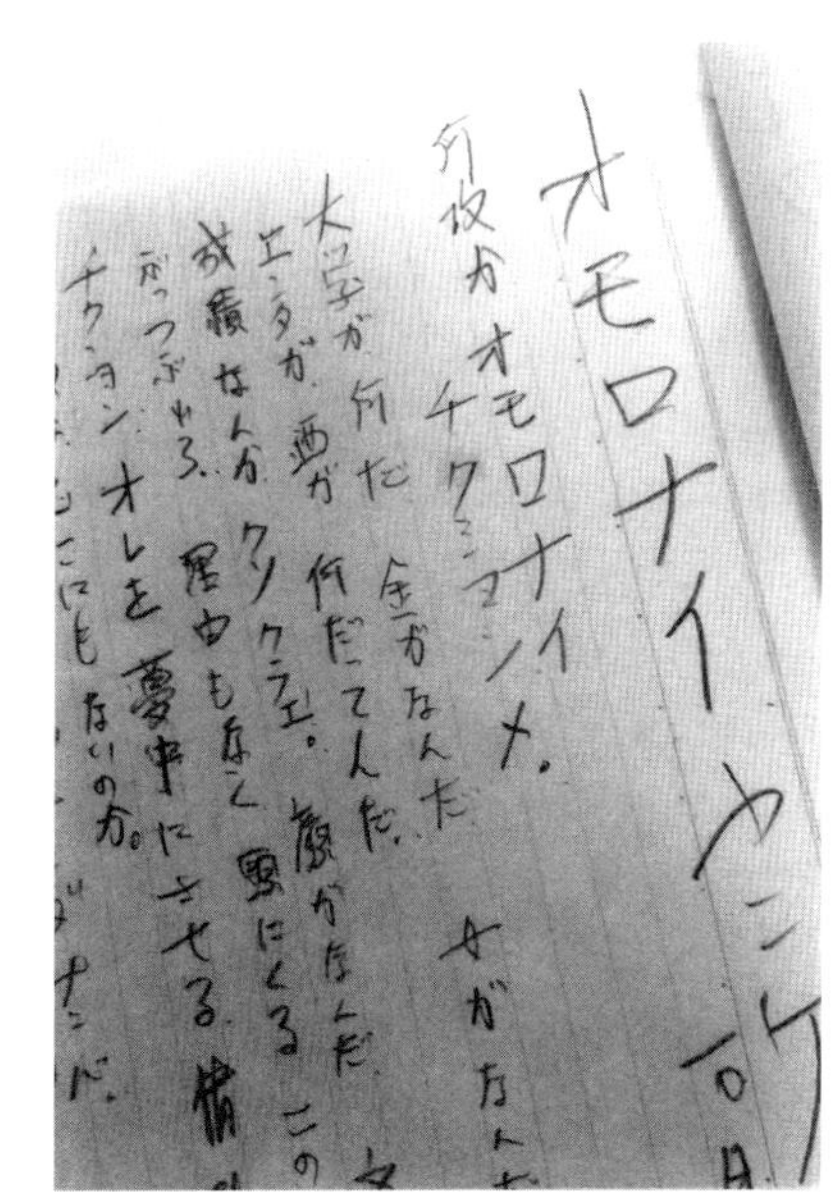


十月八日

高校二年生

この世に頭にくるんダ　バカヤロー
アアモウ　我慢して生きるのには疲れた
自分の思うとおりに　生きてみたいよ
だけど　それができない今の俺
チクショー　バカヤロー
ワケもなく　叫びたい俺
こんな人生　結局
百年もスリャア　跡形もないんだ
バカヤロー
ダケド俺はhopeless（望みがない）なのかな
アホの口こぼし

## 81　下宿脱出の真夜中

十月九日(土)

今日は文化祭第一日目。映画を全員で見ただけだった。名作なので期待していたが、なぜか画面の字がうまく読めず、よく内容がわからなかったけど、だいたいのあらすじはワカッタ。

さあ今から俺は、窓から下宿を脱出して、佐藤の下宿でマージャンやることになってんだよナ。スリル満点よ。

そして明日は文化祭。ついでに、あさって、しあさってと連休が続く。ウハハハハ。人生で最も躍動的で希望に満ちた高校時代、そして学校生活にもなれた。受験もそれほど気にしなくていい二年生。そして、またまた修学旅行、体育祭、文化祭、連休、バイクで遠征と、考えてみると楽しいことばかり。

だけど、その場にたつと、その場その場に、ちょっとした気にかかることがあって、何故か、ウキウキしてこない。だけど、人生でまさしく一番気楽で楽しい時の一つであることは間違いないようだ。

自分の目標を見失わなければ、イイジャンケ、ワレ。

## 82 激動人生

十月十八日

この間の日曜日、見事に白バイにつかまってしまった。直接はスピード違反で、それは現場注意で許してくれた。罪状は条件違反、めがねをかけていなかったという。それで罰金三千円だが、そんな金もないしで大騒ぎ。学校では父兄呼び出しだと言っているし、みんなからは

〝罪人〟などと呼ばれるし、モウ、イヤイヤ。あの時、おれはなぜ気付かなかったのだろうか。

図書館へ行ったりすると、みんなよく女を連れて勉強をしていたりする。この間も女なんかいないと言っていた山本が女を連れてイチャイチャ。それに、おとなしそうな大城までも……。今まで絶対、女は作らないと決心していた気持ちが少し揺らぎはじめて来た。

それに加えて今日、文化委員会の時、カワイイコに出会ったから大変。ズバヌケタ美人でもないが、体つきがでかくて、オッパイふっくら、それになんとなくカワイイ顔つき。人の好みでは大したことないと言うかもしれないが、あんな……が、いたらなーなんて思ったり。

だって10人中、6人ぐらいは女もってるもんなー。やっぱり高校時代に少しもバラ色がつかないとすばらしい青春とはいえないのかな。

よく考えてみよう。

## 83 アアー（人間の価値2）

十月二十八日

人を愛せ……キリスト教の内容の一つだが大切な事だと思う。他人が憎いこともある。だけど憎んでも何にもならない。だまされたと思って、ひたすら隣人、友人を愛す。そうすれば必ず、他人を憎むよりはよい結果がでるだろう。人は何かと、その人間の表を見て、その人間の価値を知らぬ間に計ったりしているものだが、人間というのは自分自身にもわからない、深くて複雑なものをもっているのではないだろうか。そのいつもと違う所を発見すると、今までのその人のイメージがまったく変わってしまう。

顔が悪く、スタイルが悪く、そしてついでに頭が悪くても他人を愛し、ひたすら明るく思いやりをもって他人に接している人は、どこか強く引かれるところがあると思う。それと反対に、カワイクて頭がよくスタイルがよくても、「私は美人でござんス」なんて顔して、他人を半分軽視するような態度をとる人はブス以上に価値のない人だと思う。

ブス……たしかに好きではないが、容姿だけで判断せずに、どこか良いところを見つけようとすれば、美人がもっていない何かすばらしいものをもっていると思う。

とにかく人間は他人に対して、その人の長所を尊敬して接することが大切なのではないかナ。

## 84 dream（夢）

十月三十日

ナナハンなんか乗っちゃってサ、そんでもってドカヘルかぶって黒のジャンパーなんか着て、時速七十ぐらいでブッ飛ばすんだ。

そんでもって、下宿ではサー、エンタやって、酒やって、時には夜中に抜け出して、カランコロン、カランコロンとゲタを響かせて連れの下宿へ麻雀やりに行くんだ。それが俺のツッパッタ顔サ。

朝の白やんでくる頃までテスト勉強したりしちゃっテサ。それで学校では適当な優等生だったりして。それが俺のオトナシイ顔サ。

一週間の授業も終わった土曜の午後、相本久美子ちゃんみたいなカワイコチャンと映画見て、公園で話したりするんダ。それが俺のシンコクな顔サ。

こんな高校生活送れたらナーなんて思ったりして、ありとあらゆる顔で、ありとあらゆる事をして情熱を燃やす。

ダケド、ナナハン飛ばして優等生で、それでもって彼女がいたりする奴、人間じゃあナイヨ。

## 85 詩

### 若い手

俺の手は若い
鉛筆を握ったこの手
バイクのスロットルを握ったこの手
そしてボールをつかんだこの手
この手はいろんな事を知っている
彼女の手をそっとつかんだこの手
土を握りしめて地面にたたきつけたこの手
くやしくて涙をふいたこの手
楽しい手　悲しい手
それは毎日のように移り変わる
そんな青春をこの手はすべて知っている

日付なし

高校二年生

## 86　日本という国

十一月二十四日

世界中、この地球には約百五十の国がある。アメリカからトンガ王国まで種々雑多である。その中で日本という国はこの中にどのように位置しているのであろうかと考えた。

社会で常識的に言われていることをあげると、東洋の国、自由主義国家、エレクトロニクス大国、治安大国、経済大国、公害、敗戦国、人口一億、工業大国、海外依存、貿易国。あげると数えきれないほどだが、我が日本は世界で最も住みやすい国の一つであると思う。

自由主義がいいとか、社会主義がいいとか言っているが、やはり競争というものがない社会主義では社会が衰退してしまう。カナダやオーストラリアも住みやすい国ではあると思うが、彼らの国は実に質素すぎる。生活が豊かであるが、刺激が少ないというような感じを受ける。日本は自動車の普及率、そして電話、テレビ、電化製品など決してイギリスやフランスに劣らないまでになっている。人口も一億で、このせまい日本だが、資源の安定供給と教育立国を目ざせば、自由と平和の保たれた真の世界一流の国となるだろう。

## 87　コマネチ

日付なし

完璧な演技、そして均整のとれた体。ルーマニアという、あまり知られていない国に育った少女。冷静な態度、そして日本人にはない西洋の女の子の顔。

まさに体操選手としてよりはスターになるために生まれて来たような彼女、ナディア・コマネチ。何がそんなに僕を含めた日本人が、そして世界の人々が彼女に魅せられたのか。日本人の女の子にはない、何かカラーという感じの東欧の女の子。

俺は醜い醜いバカな高校生。どうしてこんな顔なんだろう。そしてニキビ跡、ソバカス、不公平ダ……。

だけど悪いところばかり目につきやすいけど、ニキビ跡のない人はその人自身、背が低いとか、足が太いとか、いろいろあるんだよナー。

コマネチはイイナー。

## 88 青春

日付なし

青春、青春と人は騒ぐけれど、ただ単純に考えてみると、青春とは世間一般の人と同じような感じ方を持った人々、若者のものだけれど、あまりにまわりが青春を定義づけてしまって、ついにはそれにあてはまらない自分は青春ではないような錯覚におちいってしまう。

表向きの青春は、すなわち青春でない人々の感じる青春は白球に走り寄る若者、異性と明るく語る若者を思いえがくかもしれない。だけれども、そうでないことを右の文章は語っている。

青春なんてクソくらえと僕は言いたい。青春の定義が若者を苦しめているんだ。若者の生き方を青春というもので束縛してほしくないんだ。また青春は即、幸福に結びつくような感じがあるが、いったいそうなのだろうか。
また幸福とは、まったくとは言えないが物質的なものでないことは確かだ。むしろ物質的に満たされた人は、もはや上がないから不幸とも言える。幸福とは、すなわち人間の受け止め方によって決定されるのである。
青春もまたそうである。何もしなくとも、すばらしい青春だと思えば、それはそれで立派な青春と言えることができよう。

1977年1月18日

## 89 詩

(あてのない道)

学べど　あてのない道
悩めど　答えのない人生
恋せど　散りゆく想い
燃えれど　時間のない青春

ああ　俺の前にあるのは目前の実力テストだけ……。

## 90（映画のように）

二月四日

決して青春とは、こんなものであるはずがないが、若者が憧れる青春の姿とは、こんなものではないだろうか。

果てしなく広がる緑の高原。そこに真っすぐに一本のアスファルトの道が延びている。右に左に、はげた丘がふくらんでいて、どこでも野宿できそうな美しい自然がそこにある。

夕やみが迫り、オレンジ色の太陽が、はるかかなたの地平線にかかっている。

そこへ、四、五台のオートバイがやってくる。奴らはみんなバミューダ、Tシャツという軽装で、山ほどの荷物をオートバイに載せている。オートバイが今、沈もうとする太陽の光に輝いている。奴らは、まっすぐ延びたアスファルトをはずれて、舗装もしていないジャリ道に入り、道から百メートルほどの丘のふもとにオートバイをとめる。

みんな、ラジオを鳴らしながら荷物をおろし、たきぎを集め、小さなテントを二つほど張る。太陽は今、まさに頭だけが、かすかにオレンジ色の光をはなっている。その光がカップヌードルを熱そうにすする奴らのひとみに光り輝いている。たきぎは小さいながら赤々と燃え、そのまわりを取りまいた奴らの顔がほてっている。もう太陽は沈んでしまった。

奴らはカップヌードルで一時の空腹を満たし、ふたたびたち上がり、一晩分のたきぎを集め飯をたく。まわりは高原で水なんかない。ポリ水筒の水もあまり残っていない。

食事が終わるとギターを片手に歌を歌ったり、雑談したり。今ここに、あの娘がいたらナ、なんて、みんなで語りながら。だけど、そんなことは無理な注文に決まっている。一日走りまくった奴らは、まだ友と語りたいと思いながらも、テントにもぐり込み、いつのまにかスースーと音をたてて眠ってしまう。そのそばでは、かすかに残ったたきぎの火がオートバイを赤く照らしている。

そして東の空が白くかすみはじめた頃、奴らはもうカップヌードルをすすっている。今日でこの旅も三日目、もうあと二日もたったら家に帰ろう。

次の目的地に向けてオートバイのばく音が響いた時には、たきぎからかすかに煙がたち上っていた。

## 91　ある一日

二月十五日

今日は予せん会で半日だった。そして本当にもう、高校生活も一年しかないんだなーと強く感じて、何かをしなくてはという圧迫感を強く感じた。

夕べも（下宿の）三年生を送る会というわけで、二階の兵藤さんの部屋でいろいろと話をしたわけだが、あまりパッとしないという感じで少し白ケていたみたいだった。

俺と昭男はウィスキーを買って来て、二人でチビリチビリとやっていたが、さほど酔ったという感じはなかった。だけど二人ともバカなことばかりやって、みんなを笑わせたりしていた。

そんな時によく考えたんだが、目をつむって考える女の子と現実の女の子は、いかに違うかだ。妄想してみると、無限大に広がる想像から、たいへんすばらしいように思えるが、現実に間近で見るとたいしたことがなかったりする。反対に新しい長所を発見したりする。ほんとに女の子というのはわからないものだ。


とにかく、この一年、勉強をしよう。一生の悔いのないように……。そして一年過ぎた時、努力が足りなく不合格となり、悔いも残った時、決して後悔せずに新たな道を開けるだけのきっぱりとした決断力のある強い人間になっていよう。

今の時、本当にいろんな事がある時だと思うヨ。ちょっと前の日の事をふり返ってみよう。

学校へ行く、授業。清掃委員会の事前報告で国本先生の所へ。古典の宿題をやって、昼食。執行委員会、授業、清掃委員会。和男の下宿へ。ウィスキーを買いに店へ。夕食、宴会、三時就寝。そして、この日はバレンタインデー。みんな、いろいろとあったようだが、俺は思ったとおり、なんにもなかった。

まあ、百％関係ないと思っていたのだから、どうってことないけど、やっぱり、せつないネ。

えーと、書きたい事、たくさんあるけど、高校生活は軽く頭の中で考えると甘いもんだネ。

## 92 自然が一番サ

二月二十六日

今までの自分は誰とでも仲よくやり、そして誰からも好かれたいと思ってきた。

〝類は友を呼ぶ〟とはよく言うが、まったくその通りで、気の合う奴とは顔を合わせているだけでも言わんとしていることはわかるし、気まずい心持ちもしない。しかし気の合わない奴とは、いくら話題が豊富でも、どこかギコチないところがある。

もちろん誰とでも仲よくやらなければいけないのだが、必要以上に気の合わない奴らの中に入り込んで行く必要はないと考え始めたんだ。そうかと言って気の合わない奴から遠ざかるとか、わざと去るというのではなく、そういう連中とは自然な形が一番いいのではないだろうか。

気の合った奴……そう、連中の中にもいろんな面をもった奴がいるのだが、全般的に自分と同じ性格で、同じような生活態度をし、同じような考えの持ち主であると思う。気の合う奴は知らぬ間に身近にいるし、合わない奴はいくら努力しても遠のいて行ってしまう。その自然な形に逆らおうとすると、そこにトラブルが起こるのであって、そんなことをワザワザする必要はないのだ。自然な形に添うのが最もトラブルが少なくて、悩みもなく理想といえるだろう。

〝親しい仲にも礼儀あり〟、こんな諺があるが、気の合った奴に対する態度はいくらザックバランとはいえ、充分考える必要があるのではないだろうか。気をつかうことかもしれないが、それは決してきまずいのではないと思う。この諺の意味が僕には足りないのだと思う。

そして、自分の虚像を自ら作ろうと思ってはいけない。人は自分をどう見るかはわからない。自分が友達でないとわかっているのに、相手にはいかにも友達であると思わせるようにふるまったりする。そんな行為は自分を孤独にする、みじめにする。自分に正直に生きよう。

実像をよく見てもらい、そしてそれを理解してもらうよう努力しよう。決して一時の虚像で穴を埋めようとしてはならない。

わかるかな、ムズカシーナ。

## 93　細胞の集合体

日付なし

今日はみじめな一日だったよ、ホント。大掃除があって、バカみたいにモップの洗ったのを置く所を指示したり、ひざまであるような長ぐつをはいて穴掘りしたり。そんでもって帰りには、ふと気づいたら社会の窓が半分開いていたり、オレッテドジなんだよ。田舎者なんだよ。どうしてもっと威厳をもって、都会的なセンスを持った人間になれないのだろうか。

人間、どんな偉大な人にしろ、やることはそれほどでもないし、人の心にも、それほど焼きつくものではない。人間は本質的に利己的であるのだ。例えば、人は世話になった人や周りにいた人を忘れてしまう。死ぬまでの自分しか覚えていない。これも利己主義の一面である。

こんな分析などどうだろう。こんなドジな自分も何億という細胞によってできている。人がケガをしたりすると血が失われるし、あるいは肉をも失う。それが自分から去れば大地へもどってしまい、自分のものではない。よってそれは、一時の借り物にすぎない。

もちろん貸主は地球、そして宇宙。自分は何億という細胞を借りてできた集合体で、それが単に考えているにすぎない。だから時がくれば自分の細胞は地球へ返す。

そして、その集合体はまた破カイされるにしろ、また新しい集合体を形成して、何億という人生を送るにすぎない。

ゆえに、偶然にできた集合体にケチをつけてもしょうがないサ。すなわち人生とは、何億というミクロの細胞による永遠の旅の一過程にすぎないのだ。

## 94　春が来た

三月十三日

こんな言い方ナンセンスかもしれないけど、時のたつのは早いネ、ホントに。時間は一定の速さで過ぎ去って行くんだから、時がたつのが早く感じると言った方が的確なのかもしれない。

一週間に一度やるラジオ番組でも、三日ぐらいのサイクルでやっているように感じたりする。夢中に生きていれば、時は矢のように過ぎて行くとはよく言うが、今の自分がそんなに夢中に生きているとは思えない。

ただ自分がそう感じるだけであって、毎日同じ事ばかりやっている工場労働者や、一日中、メロドラマでも見ている教育ママや、下宿のおばさん、あるいはマンガに夢中になってなんの欲もない小学生あたりから見れば、たいへんせわしく生きている人間なのかもしれない。

確かに今の自分は、頭の中にある事といえば、いかに能率よく勉強したら国立大へ入れるかというぐらいで、明日は誰々とオートバイ乗りまわして、あさっては誰々さんとデートして、そして、しあさっては、ええと……というほど毎日が変化しているとは言えない。

しかし、毎日がスケジュール表でも見ない限り、何をする日かわからないほど変化に富んだ毎日なら、どんなにすばらしい事か。


春一番も吹き去った。日本列島もいよいよ春うららという感じで『花』とか『隅田川』とか『桜前線』とか、つい口ずさみたくなるような気分がする。こんなすばらしい季節と世代に恵まれている我々が、朝から勉強だけに追われるのは何とつまらない事であろうか。

確かに社会にとっても、自分にとっても、あるいは家族にとっても勉強は大事なのであろうが、俺という人生はもっといろんな事をやりたくてうずうずしているんだよ。

桜とうぐいすと春風の季節、すがすがしい春風をあびて、オートバイ三、四台でツーリングでも行こうよ、一日かけてさ。そして彼女と映画見た後で、桜の咲いた一本道を散歩しようよ。

それが春ってもんだぜ。

泳いだりする躍動的な夏でもなく、冬のようにコートのえりをたてて喫茶店に飛び込む季節でもないんだ。快い日ざしをあびて、一日が終わった事を反省して、新しい一年への心の準備でもしながら散歩する。それが春なんだよ。

若者だろ、じめじめすんな。

## 95　青春の定義

（三月中旬）


僕も年をとれば青春の味を忘れてしまう。よく、いつの世代でも青春はあるというが、それは意味を取り違えているのだと思う。

四十歳ぐらいのお父さんが山登りが大好きで、念願の北アルプスに登頂した時に、雲海を見つめながら青春の味をかみしめたとかいうような話を耳にしたことがあるが、それは若者の持つ情熱と同一のものであるのだろうか。

十歳の子だって、あるいは六十歳のおばあさんにだって情熱はある、目標もある。それは確かな事である。だけれども、汗を流す情熱がイコール青春と結びつけられては困る。

高校生や大学生の気持ちの大体のすじは、一般の世代の違う人に理解できるかもしれない。なぜなら、人は一度はその道を通って来たのだから。

だけれども、真の青春の悩み、情熱、その他モロモロの気持ちの深さは、その世代と離れるにしたがって忘れてしまい、決して理解できるものではないと思う。

青春という言葉自体があやふやなのだけれども、若者の情熱と他の世代との情熱の間には、確実に努力でも何によってでも打ち砕かれない厚い壁があるのだ。

そんな若者の情熱は、今の感じからすると、日ごとに変わることはもちろんだが、大きな区切りをつけてみると、高一から大学四年——すなわち15歳から22歳までが大体、同じように思える。17歳、18歳といえば、その最も青春の典型であると思う。

決してこの紙面で青春を語れるとは思わないけれども、ハイティーンたちが何を考えているのか簡単に書いてみよう。ふと頭に浮かぶことは、やはり男女関係、異性のことであると思う。特に女性に至ってはそうであると思う。

それに将来の事、やたらとあまい理想ばかりを持っていたりする。勉強はやりたくはないが、仕方ないでやるという感じだ。

スポーツの事や、いろいろと頭の中を走りまわるのだが、やはりすべて異性の事から枝分かれしているように思える。女を探すために運動クラブに入るとかいうような奴もいるし。

人には、それぞれの青春があるのだろうけれども、感じることは大体、同じだと思うよ。

とにかく、何かをしよう。オートバイでもいい。勉強もいい。麻雀もいい。酒もいい——。

## 96　この暗い部屋

三月二十日

いよいよ、この部屋とも別れの時が来た。一生の間には数えきれない程のいろいろな物との別れがあり、いちいち感情的になっていたら、きりがないので、ふん切りが大事なんだろうとは思うが、本当にこの部屋とは別れがたい気がする。

なぜなら、この部屋は自分の笑い顔も見ているし、声も聞いている。そして泣き声もきいているし、寂しそうな顔もみている。言ってみれば、青春の姿をそっくりそのまま知っているのだ。

こんな言い方、部屋は生き物じゃあないからおかしいと思うかもしれないが、そんな事はない。人間だって生きているとはいえ、単なる細胞という物質が何億と集まっているにすぎない。それに、この部屋の板が、そして柱が人間と同じように何かを考えているかもしれない。それは人間の常識でないから、人から見れば笑われるかもしれないが……。

とにかく、この部屋には、そして、この下宿すべてに想い出がある。便所に行っても、これが最後かと思うと、なんだか、もう一度じっくりと見つめたりする。あのせまい風呂、そして洗面所。二年間だもんナ。

小さいサッシの窓から夜中に抜け出して、散歩したこともあったし、金がこなくて、くやし涙の時もあった。そんな楽しく、そしてイヤな想い出も忘れてしまうのかと思うと、なんだか悲しい気がする。

そういえば、木山君といっしょに映画を見に行くとおばさんに言ったら、しかられた事があったナ。兵藤さんたちとおかしなクイズを出し合って、おお笑いしたこともあった。

そんな想い出も、いつまでも新鮮にこの頭に残っていることはないだろう。

とにかく、この部屋に入ったのは俺がはじめて。これから何人もの女の子が入るんだろう（もう、この下宿は女の子ばかりになる?）。けど、俺の事は忘れるなよ。じゃあ、達者でな、アバヨ。

記念に写真でもとってやるよ。

# 高校三年生

## 97 新しい下宿への革命 （四月）

二月の初め頃から、いろいろともめていた下宿を変わるかどうかという問題も、ようやく、二カ月後に決着がついて、今はこうやって新しい下宿に寝とまりしている。今晩で、この下宿で寝るのは三晩目だ。

今となってはもう落ちついたので、それほど難なく空田下宿から上本下宿へ変われたようだが、なかなかまだ、いろいろとアアダ、コウダと雅夫やおばさんと相談しているうちは大変だった。

二月の初めに、今年こそは部屋を変えてもらおうとおばさんに言ったら、こっちが強く当らなかったせいもあって、なんとなく簡単にけられてしまった。その時、今年入る子は女の子ばかりだというのが少し気になったが、また一年、この暗い部屋でやって行くのかと考えると、何だか、あきらめの気持ちと、この部屋と離れなくてうれしいなと思う気持ちと、おばさんの思いどおりになってちくしょうと思う気持ちと、そして、こんな暗くて狭い部屋という不満の気持ちで、なんだか複雑な気分になった。

そしてある時、雅夫にフト、今年は三人とも女の子だという話をしたら、だんだん話がこじれて来て、一月余りの間、新しい下宿を探し回ったり、親に話したりで大忙しの末に、おばさんに話したのが、確か三月の七日、ちょうど期末テストが終わった後で、上田たちとバイクでドライブに行く前だった。

それから雅夫のおっかあと話をしたり、保証の問題が出たりで、何度も二人でいろいろと話し合った。途中、二度か三度くらい、もう一年この下宿にいようと決心して雅夫に言った事があったが、そのたびに意志が弱いと言われては、またババアが何と言おうとオヤジがカンドウしようと、変わってやると決心し直したりした。また、雅夫が弱気になった事も何度かあった。

きっと、自分一人の革命ならば絶対失敗したと思うし、変わってよかったか悪かったかは、それは運命的なもので何とも言えない。だけれども、今度のこのおばさんとのいざこざの中で大きな事をいくつか学んだような気がする。

絶対的な意志をもって体当たりしても、向こうが強く当たり返すかもしれないし、途中で挫折してしまうかもしれない。だけれども、筋が通った話なら相手も、これはいくら当たっても無理だと考えて手を引くだろう。

新しい下宿に変わってどうか、ということはさっきも言ったように運命的なもので何とも言えないが、概して大変よかったと思っている。その理由はまた、書くことにしよう。

題意がはっきりしていない。スケジュール表でないんだよ。

## 98 花見

四月四日

今日はもう四月四日で、あと春休みも残すところ明日だけとなってしまった。あたりを見渡せば、あちこちに桜の花が満開に咲いていていて、願わくばオートバイに乗って桜見にでも行きたいような気分なのだが、なかなかそうはいかない。どうしても受験の事が頭に浮かんでくるので、ついついそんな気分もなくなってしまうのであろうか。

しかし、よく考えてみれば、来年の桜の季節はもう自分は高校生ではないわけで、どうしても一度桜見に行きたくて、今日隣まちの公園まで行って来た。三田といっしょにカメラと三脚をもって、二時頃の電車で行ったので少し遅かったが、天気はまさに小春日和（※秋に使う言葉）という感じで真っ青な空だった。

向こうについて、学生ズボンを買ったり本屋へ寄ったりしているうちに、三時半頃になってしまった。それで急いで公園に行ったら、この間の日曜の人出とまではいかなくとも、だいぶ桜見の人たちがたむろしていた。

桜は今が満開で、花壇や池をバックにして十枚ほど写真をとってきた。もちろん桜も入っているけど。公園にいたのは一時間半ほどで、そんなに長くはなかったが、その間に二人で最初

から最後まで言っていたセリフは、

「男なんかと桜見に来てもしょうがない。アア、女といっしょに歩きたいな」で、まわりのアベックを見てはグチをこぼしていた。

今はダメでも大学生になったら、必ずそんな事も実現させてみようと思ったりしたが、高校時代に女のオの字も知らない奴が大学へ行って、そう難なくうまく行くはずもないような気もした。とにかく、どことなく寂しい桜見であったような気もするが、いつまでもまわりを見てはグチをこぼしていたんではしょうがないんで、気をとり直して、もう一度公園内を歩いたりした。

とにかく今、自分の頭の中にあるのは、六十%が受験の事、三十%が女の子の事、そして、その他十%というところあたりだと思う。男女交際なんかいつでも出来ると言えば、それまでだが、高校生には高校生にしかない付き合いの雰囲気があるような気がする。

はた目から見ても、大学生のそれはもう社会人のそれと区別がつかないだろうが、高校生のそれは、まだ子供っぽい愛らしいところが残っているような気がするからだ。

そんなに気をつかわなくてもよくて、受験にもひびかないような交際があるなら飛びつきたいような気もするが、それは甘い考えといえよう。男女交際は考える事の八十%までを、それに気をつかわなくてはならないものであると思う。気をつかわない間がらだったら、もうその交際は何の楽しみも新鮮味もないだろうとも思える。

もちろん勉強と男女交際は充分両立できると思うが、今の自分にはそんな八十%もそっちに気をまわす程、余裕はないのだ。それがいまだ、腰を上げようとしない原因だろうか。

文章間の関係が乱れている。

## 99　階段を一歩上がれば

四月十四日

〝努力をする〟、なんだか、すごく大変な事のように聞こえてくる言葉である。しかし、この言葉にもいろんな考え方があるという事に最近、気付き始めた。

一生懸命、勉強する、あるいは仕事をする。それをする当人は、さほどつらいと感じない。まあ世間並みの事をやっているんだと感じていても、世間は彼を大変な努力家だと見る。また、同じ仕事をやるのにも、Aという人とBという人では、その困難の度合も違うことだろう。

このように努力には個人差もあり、人それぞれの見方もある。だから一概に努力の度合などを計ることはできないのではないだろうか。

しかし一般的に言って、努力するためにはどうしたらいいか。今この時になって、簡単な事ではあるが大体わかったような気がする。

一階から二階に行くのに、人なら容易に階段を上れるだろう。しかしアリのように小さいと、階段を少しずつ、はって、ほんとに少しずつ、少しずつ上っていかなければならない。しかし着実に上りつめて行く。

そして一度、一階の努力に到達したなら、もうそれは当人にとっては慣れてしまって、努力とは言えなくなる。そして新たに二階の努力が大きくむずかしく見える。しかし、それも着実に上ってゆく。一度に十階も上ることはできない。目標がいくら高くても、少しずつ途中の努力に慣れて、それを生活の一部としてしまえば、もうそれは努力ではなくなるのだ。

努力している人の生活は実に充実していて、幸福であると思う。努力なんて面倒くさいし、イヤダとも考えられる。しかし遊んでばかりいると、一つ地下へ行ってしまう。そして、その遊びに慣れると、今度は地下二階へ行ってしまう。人間は習慣の動物とはよく言うが、そうなると、いつの間にか世間常識の事も大変な難業のように思えて来て苦痛となる。

何か悩みがあった時でも、苦しいからといって、こたつで寝てばかりいると、その事ばかりが気になって、いてもたってもいられない。しかし、たとえ百階のビルの苦痛に等しくとも、一階上るつもりで何か解決策を探せば、もう一階分の苦痛はなくなる。

人生は問題という方程式を解きながら生きていくようなものだ。問題のつきまとわない人間はいない。それに対応できるかは努力いかんにかかってくる。

努力のある生活は必ず充実している。これが僕の率直な現在の感想だ。

## 100　読書は人を変える

四月十七日

高三になり、受験という大きな壁の前に立たされている今、自分は世間の非常に多くの事を考えているような気がする。

今の自分は、そんなに忙しいとも言えないし、苦しいとも言えないが、これから、そうなるであろうと思われる今、いろんな事を考え、不安であるのかもしれない。

そんないろんな事を考えていたせいか、一昨日の自分の気分はひどいもんだった。自分の欠点……どうして自分はこんな顔なのかとか、勉強がうまくいかないとか、女の子の事を考えると自分がイヤになるとか、余計な事ばかり考えて自分が人間のクズのように思えて来た。

三田といっしょに下校する途中、いろんな事を考えているうちに雨が急に激しくふりだして、下宿へついた時はズブぬれで、どうして雨までもが自分をバカにするのだろうかとバカな事を本気になって怒ったりした。そして手ぬぐいで頭をふき、即、ふとんにもぐって「俺は人間のクズだ」なんてつぶやいたりする。

考えてみれば自分を主観的に見て、どんどんその溝に深くはまっているようなものであった。愚かな事だ。そんな時こそ、自分を客観的に見る事が必要なのだ。

ぬれた頭をきれいにドライヤーでセットして、学生服を正せばなかなかのものだ。

顔がどうとか周りの者はあまり気にしていないのに、自分ばかり気にして、まともに相手を見たりできず、かえってその相手に対する態度の冷たさで気分を悪くさせているようなところがある。相手から話しかけられても少しも物おじせず、誰でも劣等感ぐらいあるんだし、堂々と話そうじゃあナイか。

勉強だって一生懸命やっている。そんな事をよく考えると自分はどうして、自分自身を人間のクズだなどと思ったのか不思議でならない。それどころか、最もすばらしい高校生のように思えてくるようになるのだ。

そんな少し気をよくした時に読書をする。特に自分の考えている方面に関する書物に自分の行きづまりの解決策を見いだす。昨日の例だと受験生活についての本で、勉強の事よりも内面的な事……（内気だとか、自分がいやになるとか……）が多く書いてある。そんな物を読んでみると、自分はどうしてユウウツにみずからはまっていったのか、バカらしくなる。

人を支配するのは思想である。思想を変えるのは友人であり書物である。友人もまあ、ある意味では書物といえよう。

とにかく、自分はすばらしい人間だ。この事をどんな時でも銘記しておこう。

事実なのだから。

# 101　人間関係

四月二十一日

今一番、学びたいことは？　と言ったら、迷わず人間関係と答えるだろう。この年になってようやく友人が、先生が、そして異性が、いかに大きく自分にいろんな影響を与えているか、わかったような気がする。何度もこの日記の中で書いてはいるが、この事は本当に痛切に感じるのだ。人の幸・不幸は、その人間関係によってきまると。

では、この人間関係について何を学びたいかということだ。いや、むしろ学びたいというものではなく、感じ取りたい、体得したいと言った方が的確かもしれない。

自分は何も、どこの誰とも親しくなれるような人間になりたい、というのではない。人間は種々さまざま、いろいろな性格の人間がいるわけで、いちいちそれに合わせていたら、いくつ体があっても足りないのだ。

確かに、誰ともうまくやって行く必要性はあるが、互いに語り合い、信頼し合うような親しい仲となる必要はないのだ。どっちにしても、そんなことはできないに決まっているのだが。自分の周りの人達を大切にして、真の友人を得ること程、すばらしい事はないと思う。それも一対一というのは何かとよくないような気がする。数人が互いに仲がよくて、そしてその中の一人ひとりが、それぞれにまた友達を持っているような、言ってみれば、広くもなく狭くもないという人間関係が一番なのではないだろうか。

男女交際についてもそうである。いくらカッコイイ男でもシラケタ男はあいそをつかされてしまう。親戚関係もそうである。

誰からも好かれる人間になれたら、そんなよいことはないが、それによって自らを犠牲にするのはよくない。出る時は出て、言うべき時は言う。親しき仲にも礼儀あり。

こんな事を広く学び、広く体得できたらと考える。そのよいチャンスが今、この時であるような気がする。

## 102 二度とない opportunity（機会）

四月二十六日

高校三年生、この言葉から響く事は非常に意味深いものであるように思う。まず何が思い浮かぶであろうか。

一つに、もう子供ではないんだという印象を受ける。高校三年生というと、ちょうど子供と大人の分かれ目のように感じるのだが、しかし実際に、現実の学校生活をふり返ってみると、とても大人とは言いがたい雰囲気である。

話す事といえばエロ話ばかりで、時には冗談でバラ族のするような事をしたりする。本人は気の知れ合った仲間同士で、じゃれ合っているつもりなのだが、はたから見たら頭がおかしいか、変態にしか思われない行動そのものなのである。

こんな生活を見ていると、とても大人への出発点などとは疑いたくなるのである。これも、一つには友達同士、みんな進学するとわかり合っているので、就職して社会に出る気がまえがないせいかもしれない。

二つに、受験が頭に浮かぶ。自分は最近の学校での生活の雰囲気が大きく変わったような気がする。みんながみんな、受験という大きな壁を強く意識しだしたのだ。

放課後でも、いっしょうけんめい問題を考えているものもいれば、ポケットに英単語を入れている者もいる。そして受験雑誌をめくっている奴もいる。

そういえば、友達と話す事もほとんどが勉強の事と受験の事であるようだ。高三になって、一月たたずして、生活が受験一色に塗りかえられたというべきだろうか。

マスコミなどは灰色の受験勉強などと言うようだが、とんでもない話である。確かに、深夜まで勉強するのはきついだろうが、これほど大きな目標に向かって努力することが、あるいは自分の将来について考えることが、あるいは友達と互いに相談できうることが、一生のうちで何度あることであろうか。

おそらく、最も人間らしい生活であるような気がする。色で言えばオレンジ色というところだろうか。

自分はこのよき機会を充分に満喫したいと考える。

## 103　若さ

五月三日

自分は今現在、十七歳で、言ってみれば将来がある若者である。黒光りのするつやのある肌にエネルギッシュな仕草は無限の可能性を示しているといえよう。これこそ人間の姿なんだと考えてしまうのは行き過ぎであるのだろうか。

人がいつまでも、「社会の宝」でいられるわけがなくて、年老いてしまえば、「社会の宝」どころか、「社会の荷物」になりかねないのである。だから、いつまでもいかにも人間社会における支配者のごとくふるまうのは危険な事のように思える。

自分は今まで、すべて自分の世代が中心であるかのごとく思ってきた。中学時代は中学生が社会の中心であるかのように思えたし、高校生になってみれば、高校生が社会の主人公のように思えてきた。そして中学生なんか、まだ単なるガキで社会のお荷物にすぎないと思えるようになった。こういう傾向はいつの時代にも言えるのだと思う。

三十代になれば、社会を支えているのは自分だと思うようになるだろう。老人になっても、そう感じるのだろう。人間すべて、こんな考えで生きているから、はり合いも生きがいもあるのかもしれない。とにかく、いつの時代にもその世代にふさわしく力いっぱい生きるのが一番よいように思える。

だけれど、自分は若さを失いたくない。これこそ真の人間の姿なんだと主張したい。しかし、

高校三年生

写真に写った若い姿も、文字となって残る熱い情熱も、過去のものとなってしまうということは避けがたい運命であるのは明白である。これはいたしかたない事だ。
できるかぎり若く生き、できるかぎり次の世代でも若さに匹敵するような何かを求めて生きていくのが、人間にできる最良の道といえよう。

## 104 気になる事

五月六日

考えるのは大部分が受験の事ばかり。どうやったら能率よく勉強できるかとか、数学の年間計画はどうしたらとか、もし大学に落ちたらとか、全部その先をたどれば受験へとつながる。しかし、いつも勉強してても頭に浮かぶのが女の子の事。こんな事を書くとは、男のくせにおかしいと思うかもしれないが、女の子のように日記にファンタスティックな恋物語や詩を書くとまではいかないだろうけど、男だって考える事は女の子とまったく同じはず。ただ、それを表に出すか、出さないかによっているにすぎないと思う。だから、どっかのおそろしげなる男が、カワイイ女の子の前ではどうしようもなくなるというのも、充分わかるような話なのである。

考えてみれば、もう高校三年生。それから受ける印象は、もう肉体的にも精神的にも成熟した青年であって、大人とまではいかないが、もう単なる子供でない事は確かだ。それなのに、まだ女の友達一人もいないというのは、頭で考える限り異常な気がする。

しかし、現実に目を向ければ、男女交際をやっているのは東高内においては4人に1人ぐらいの割合、ましてや男子校や女子校においては、もっと少なくなるだろう。

それに声をかけたが、ふられたというのも入れると、ほぼ半分ぐらいだろうか。何も、自分ばかり、女の子の事が気になるというのではなくて、人間ならば一生に一度は経験しなくてはならない事であるのだろうが、それにしても、やっかいすぎるし、気になりすぎるし疲れる。もっとスッキリした気分になりたい。

同じ生きるなら、後でくいのないように生きたいと思うのだが、どうもふん切りのつかないのが人間のようだ。

## 105　先生

（5月中旬）


ここ十日程の間、何も書かなくて、少し反省しているが、なかなか時間がとれなくて苦しいところ。今もようやく物理のプリントを終えて、やっと今日、一日が終わったというところで、時刻は二時五分だが、今日は化学の補習があったので、実質勉強時間は三時間半程だろうか。しかし、これだけ取るのにせいいっぱいなんだ。

今はとにかく、英語に力を入れているが、少し理科を捨てすぎていないかと、まよっているところで、考え事は勉強時間の配分と、これからにかけての勉強計画と大学についてばかり。受験一色で寂しいような気もするが、今の経験は自分の人生に大きな跡を残すと思う。

何故なら、あらゆる角度から一つの目標に到達するための方法や手段を研究し、それを苦しい努力によって実行していき、仲間ともいろいろと、そのやり方について話し合うのだから、この短い一年強の期間にでも、それを必死に実行し経験してきた人は努力の限界とまではいかなくても、それに近いところまでは知りうるであろうし、また要領も良くなるだろうし、最もよい事には心が広くなると思う。

努力は苦しいと思っていた、ついこの間までの自分が、努力は生活を充実させ、目的は努力を苦しいと思わせないと考えるようになったのもこの影響によるのだろう。

しかし自分にはまだまだ、なまけ心がかなり残っている。その気持ちは退治するのがむずかしいので、なるべく夏休みまではつめ込み主義で行きたいと思う。

十カ月後、国公立I期、あるいはII期合格を目ざしてがんばろう。

また先生方が、まるで自分の事のように必死になっていてくださる。生徒たちは自分自身の一生にかかわる事なので、真剣になるのは当然といえるが、先生にしたら、たとえ、さぼっても自分には関係のないことだろう。それを補習でも指導面でも広く深く、正確に生徒の勉強方法を知り、よいアドバイスをしようとしてくださる先生には深く共感する。担任の町田先生、それと牧野先生、特にこの二人の先生は熱心でいてくださるようだ。本当に感謝している。

話はかわるが、11日に遠足があったが、その時の事は、また近いうちに書くことにする。

さて明日から一週間は、受験参考書をすてて中間テストの勉強に入る。ガンバロウ。

## 106　さらば十七歳

六月二日

どうして一年の過ぎ去るのは、こんなにも早いのだろうか。二年前の今頃、僕は来たるべき三年間の高校生活を前に、自分は一年後、あるいは二年後、どんなふうになっているんだろうかと考えたものだ。その頃の日記を見るとたいへんなつかしく思う。

その答えとして、成績はマアマアで優秀な方に入るのだろう（しかし今度の中間は勉強しなかったせいかメチャクチャ）。そして女の子の方は、言わば女のオの字も知らないという状態。少し寂しい気持ちもするが、半数以上程、七割近くがそうなのだから、あきらめもつく。近田しかり、三田しかり、塩井、勝本……。まあ、自分と親しい人間には、ほとんどガールフレンドはいないと言ってよいだろう。

しかし、少し目を広めれば、丸井とか、小尻、間瀬、瀬田、西原に田坂……とだいぶ居るにはいるのだが、小尻や西原のように、だいぶ妥協組もいるようだ。高校生という最もエネルギッシュで若々しくて、明るいこの時に女のオの字も知らないようでは寂しいいし、ちと後々にもさしさわりがあるような気がする。声をかけて、ふられるというだけでも貴重な、後から振り返れば、なつかしい想い出になるものだという気がする。そして、五つの失恋から一つの恋愛が生まれると言っても過言ではないと思う。

東校内には何百人もの男女がいるのだ。他の学年も入れるなら千人ぐらいいる。それが好きになり、くっつき合う確率はほとんど無限となってしまう。五回アタックして、一回でも妥協してもらえば、それで充分と言えよう。この三年間のそっちの方面の想い出として、たとえ、うまくいってできたとしても、すぐふってしまうぐらいの気持ちで、一度アタックしたらどうだろう。今、その気、充分なのです。

十七歳、この一年、多くの友達と知り合い幸せだった。そして、本がうまく読めないなんていうバカげた悩みもあったが、それもなんとか解決した。今は受験の事ばかり。友だちとの楽しい語らいを忘れたくはない。いつまでも、そして、この年代の若者の気持ちを忘れたくない。セブンティーンは、あと少しだけ。その間、セブンティーンの一年を反省し、じっくりと考えてみよう。

そして来たるべき一年。大人へのかけ橋、十八歳はもうすぐなのだ。

## １０７　浮かれぬ時の治療法

六月三十日㈭

日々、いろんな事にぶつかり、いろんな事について考えさせられる。そして、その対応の仕方も年を追って変わっていくのだろう。

一週間は何となく、うかれていて、一週間は何となく、つまらない。そんな事のくり返しのように思えてくる現在の日々。

だが、この心理は決して自分だけのものでもないし、気まぐれでもない。ちゃんと心理学の分野で実証されている人間心理の不思議さの一つなのだそうだ。すなわち、気分のいい日と悪い日が交互にやってきたり、一年ごとだったり、あるいは五年ごとだったり、そんな心の波が人間にはあるらしい。

自分にも、よく心の浮かれぬ日がある。どうしてかと考えてみても何もわからない。テストの点が意外によかったのに、何となくオモシロクない日もあれば、しかられたり、ドジをしてしまったのに、サラリと気持ちよく忘れてしまう事のできる日といろいろ毎日が違っている。

いくら何となく気分が悪いと言っても、そこには何か必ず小さくとも原因はあるはずだと思う。何だろうか。それは、よくよく考えて、くもの糸をたどるように、そっとたどってみるとたわいもない事なのだ。消しゴムを忘れて一日中、不機嫌だったとか、朝、気のある子をちょっと見たから気分が一日中よかったとか、そんなものにすぎない。

人間だれだって、いつも浮かれていたい。じゃあ、どうしたらいいか。気分なんて人間の意志で左右できるもんじゃあないから無ダな事をして、またまた気分が悪くなるぐらいがオチだ、なんて奴は一生不幸せに暮らすに違いない。

気分が悪いと思ったら、わざとらしくてもいいから、気の合った奴らといろんな事を話して大笑いするとか、好きなマンガの本でも読むとか、買い物に行くとか、それかもっと何か、気になるものがあるなら相談したり本を読んだりして解決しようとするとか、何でもいい、イジケテ蒲団の中にうずくまっているよりは何かをしてみよう。すぐに気分のよくなる事もあれば、じわりじわりと楽しくなることもある。がしかし、必ず効果はある。

この人間の何となくつまらないっていう心理は、貧富の差なく人間なら誰でももっている。こいつをうまく克服できる奴こそ、何ものにもまして幸福な奴なんじゃあないかな。

# 108　詩

## タワゴト!

今やりたいこと
オートバイぶっ飛ばす
だけどケガは全然しない
そして日本中まわってみたい
水泳やりたい
ソウダ
スキーやりたい
真夏だけど……
飛行機に乗って家の上を飛んでみたい
ウーント
女の子と映画見に行きたい
コーヒー牛乳飲みたい
勉強したい……ウソ

高校三年生

（七月二十日頃）

本当にやりたい事
三台ぐらいオートバイ連れて
キャンプ道具もって海へ海水浴に行きたい
友達と心ゆくまで話しあってみたい
そして本当に本当にやってみたいこと
誰かと半年後
大学合格者掲示板に自分の名前を見ること
そんなもんだよ
タワゴト終わり

## 109　半年の高校生活

七月三十日

いつ不幸はやってくるかもしれない。いったんお隣の朝鮮半島で戦争が始まれば、この日本全土が放射能で破壊しつくされてしまうかもしれない。そうすれば、第二次世界大戦どころではなく、戦後三十年で世界の強国となった日本だが、今度、核戦争が起こったら現在のような幸福な社会を築くのに、おそらく百年はかかるだろう。

放射能でおかされたら、その障害は子孫にもずっと続くのだ。何としてでも、平和であってほしい。社会主義でも民主主義でも人間の幸福を原点に置いていることにかわりはない。あるいは自分個人で言えば、いつ交通事故にあい、大ケガをしてしまうかもしれない。あるいは難病にかかってしまうかもしれない。そして健康体をもっていても、人生に失望した者、社会の秩序を乱すような事をした者、そして家庭の事で何か問題をかかえた奴、いろんな不幸者がいる。そんな事を思うと、自分は本当に感謝しなきゃいけないなと思う。

確かに、いつ不幸がやってくるかもしれない。だけど、今が幸福なら精一杯生きなきゃあ。運命……わかんないもんだ。計画どおりの人生なんてもんで、神様がうまいことやっているのかもしれない。

こんな事、非科学的でおかしいと思うかもしれないけど、今、人間の築きあげた科学なんてものは、地球の見かけ上の諸現象をまとめたものにすぎない。そんな人間が、わかったようなふりをして、宇宙はだんだん大きくなっているなんて言う事自体まちがっている。

霊だって天国だって円盤だって、科学でちゃんと証明できるかもしれないのに、非科学的だなんて言うのは本当に文明人間とはいえない。本当に進歩的な人間なら何でもうたぐってみるものなんだろう。

この地球だって本当は平べったいかもしれない。そんな事わかんないんだ。ただ、いろんな現象を総合すると球だということになるにすぎない。

ちょっと話からそれちゃったけど、要するに今は、やらなきゃあいけない事があるんだよ。何もすることがなくて、お金ばかりある奴よりも、ずっと恵まれている。

国立大学合格！　大変な目標だ。だけど最後まで見捨てない。すべっても浪人すれば、それでいいよ。だけど一生懸命やんなくちゃ。浪人して入ればイイなんて安易な考えは許されない。現役合格、今はこれしか考えてはいけない。

高校生活も残り短くなってしまった。一年の頃、自分は永遠に高校生であるような気がした。どうしてだろう。これから二年もあるかと思うと、そんな風に思っちゃうのかな。いろんな事あったけど、全部忘れてっちゃうみたい。それでイイヤ。イヤな事は忘れちゃって、できたら楽しかった事の三つ四つだけ思い出せれば、そして今を必死に生きれば。

いくら昔、幸福であっても、今この一瞬がつまんないんなら、どうしようもない。必死に生き続けて、気づいた時には、ご臨終で十分だよ。それで死ねれば一番の幸福者さ。

高校生活が終われば浪人生活か、大学生活。どちらにしろ、あの黒い学生服ともお別れだ。そしたらきっと、自分はきっと、いつまでも永遠の大学生のような気になっちゃうのかな。きっとそうだろうな。大学こそは、スポーツやって、世の中の事すべてやりつくすつもりで、いろんな事やってやろう。

だけど、この高校生活でも、まだやってない事がたくさんある。勉強も、もっともっとやらなくちゃあ。今は夏休みで平均八時間だが、夏休みの終わりには十一時間平均ぐらいにしたい。

そして女の子の事もある。最近もいろいろとあるけど、二学期になったら恥も外聞も捨ててガンバラなくちゃ。フラれてモトモトと。どうせいつかはやる事なんだ。勉強以上にガンバルつもり。それでいいと思う。決してたるんでいるなんて思わないよ。

大学すべっても、女の子にフラれても、必死にやったなら悔いはないし、充分、満足だよ。あと半年の高校生活、ガンバロウ。

## 110 Who is she?

八月二十九日

今の日本は少し経済的に不況だとはいえ、世界的に見れば最も景気のいい国であるし、治安、保健、教育、技術、国民的理性、どれをとっても世界一流で、少々、住宅事情が悪いとか、福祉がととのっていないとはいえ、全般的に見れば世界で最も住みよい国だと言えよう。そんな時代に生まれ、現在に至っているのだから、恵まれているといったらよいのだろうか。

こんな時代がいつまでも続くとは限らない。二度と戦争はしないと誓った日本ではあるが、いつ核戦争が突発するとも限らない。たとえ他国の事であっても、そういう事態になれば石油は止まり、経済は大崩壊してしまうだろう。大地震しかり、どんな不幸が日本の将来に、たちはだかっているかわからない。

ただ言える事は、永遠ということはありえないということだ。安定した時代があり、動揺した時代がある。それが繰り返されて歴史が出来上がっていく。願わくば、この平和と繁栄が、いつまでも続いてほしい。僕たちの青春も受験も色恋ごとも、すべて現在の日本の平和と繁栄あってのことなんだが、そういうあたり前のことをついつい忘れがちになってしまう。

だから、現在が安定した時代であるからこそ、それをうまく利用しなくてはと思ったりする。

今、思うこと、ミッチャーン、まだはっきりと顔もみていない。たいした娘じゃあないとは思うのだが、何故か強く心をひかれる。あの娘が気をひこうとするような行動をするからか、それとも、もう彼女しか、あてはないからだろうか。とにかく、こんな気持ちは今までになかった。はっきりと顔も知らないし、何も知らない。ただ、隣の子というだけ。不思議……。

だけど、もうダメでしょう。もうやらなくては、後悔するなんてイヤ。だから雅夫しかり、近田しかり、一人残されるのはつらい、というわけじゃあないけど、そろそろそんな時期だよ。何でも最初はつらいもの。雅夫も今日はじめてデートして来たそうだけど、白ケてたって言ってた。はじめは何でもうまくいかないものさ。

何でもイイ。とにかく最近、自分は他人を気にしなくなったように思う。他人なんてどうでもいい。何と思おうと勝手……。自分のやりたいようにやろう。それが人間らしく、せいいっぱい生きるっていうことなんだろう。

## 111　窓ごしの会話

九月一日

「ちょっと……」（ふりむく）

「あのー北高でしょう？」

「ええ」

「何年？」

「一年」（あまりこっちを見ない）

「えっ、本当に？」

（うんとうなずく）

「何年です？」

「うん僕？　三年」

「（そこの下宿に）北高の三年の人がいるでしょう」

「うん、いるよ。テストいつまで？」

「今日で終わりです」

「へえ、イイナー。僕たち、まだあるんだー」

（ちょっと話が切れる、二秒）

「名前、何ていうの？」

高校三年生

「ボソボソ……」（よく聞こえない）

「よく勉強するんですネ」

「う。あー、でも三年だもん当たり前じゃない」

「じゃあ」

（頭をペコンと下げる）

ドキンドキン、ゴクゴク、ゴク？


（七月九日土曜の時）

## 112　友達

九月五日

僕のまわりには、いろんな人間がいる。

ほんとに大ざっぱにいえば、おそらく三つぐらいに分けられるんだろうけど、誰一人として、ほとんど同じ性格の人間はいない。

三田にしろ、三年間、同じ屋根の下で寝とまりし、あれほど、いろいろ話をした雅夫でさえも、まだ、よくわからないところがたくさんある。この間も、雅夫が僕の見た感じの性格を言ってくれたが、それには驚いた。

それによると、ささいな事には少しも気をかけず、何事も軽く流してしまう。さほど気にせず、のらりくらりと生きているという感じがするそうだ。言うなれば、鈍感な所があるそうだ。自分で自身を判断すると、そうではない。どちらかと言えば、ささいな事をすぐ気にかけ、いじいじするような神経質なところがあるような気がする。だから、雅夫がそう言ってくれた時はうれしかった。

なぜなら、何にも気にせず、天下太平っていう感じで、ゆったりと生きていきたいから……。こせこせしたのは、どうもイヤダ。

他人が僕をそんな風に感じるのは、自分の外見や口調や態度がそうさせるのだろう。だから、人間なんて外見上では、どうしても判断できない所があるようだ。

好きだったけど、何となくキマズクなった奴、話しやすい奴、話しても何も言ってくれず、調子の抜けた奴、なんとなく白ケてるけどよく話す奴、けんかしたりまた仲よくなったりして、ここまで続いている奴、いろんな奴がいる。

三田や山野など、いつもくっついているグループは、いくらでもある。それらは一見して、とても親しくて何の気も使っていないようだ。

がしかし、僕にもよく、くっついている奴らは岩井とか田所とか、いろいろといるけれど、決して完全にリラックスしているワケではない。本当の友達とか、親友とか、よく言うけど、それを持続するには確かにいろんな努力がいるというような気がする。

どんなにわかり合っていても、冗談で言った言葉が相手をどんなに不快にさせるか、わからない。

人間同士のいざこざは、その人間の性格が合わないことよりも、ちょっとした言葉の誤解やなんかによって起こるという気がする。

友達は本当に大切だと思う。もちろん恋愛もだろうし、兄弟の間でも、そして親子の間でも大切だろう。常に相手の立場に立って、物事を言動すべしとはよく言うが、相手の立場がわかれば苦労はない。

## 113　girl girl girl

九月十一日

最近、どうも女の子のことばかり気になる。とにかく勉強ばかりしてないで、ガールフレンドでも作ろうと思っているらしい。

それがいいことか、それとも受験生にとって邪道とも言えるよくない事か、それは一概には言えない。人それぞれの立場があるだろうし、ちがった考えがあるだろうから。

北高の一年の子の事ばかり気にして、朝、登校するところを何度、声をかけようと思ったことか。それをまだ、やっていないのは、チャンスがないっていう事もあるけど、やはり、なかなか大胆にはネというところだろう。

でも、一度、話したことはあるのだし、彼女もかなり挑発的な態度をとってきているんだから、別に声をかけても不思議じゃあない。まあ、いつかは声をかけるつもり。

登校する途中に会う女子高の子も気になっていたので、少々、遠まわりをして、まちぶせするつもりだったが、そこに、さとるやよしひこがジュースを飲みながらたっていたので、あきらめようとしたら、そこへちょうど彼女が来た。初めて彼女を見て、う〜ん、ちょっと失望したネ。それきり、あまり気にしなくなった。

それに東校内にも気になる子がいたりして、しょっちゅう廊下を歩いていても気にばかりしている。

二年生はおそらく、カワイイ子はかたづいているだろうから、あまり興味ないが、一年生はイイ子を探すのにいつもガンバッテいる。もっともガンバッテルといっても、廊下であった時なんかに、「ア！　あの子、イイナ」と思うだけ。後は何もなし。高三の男なら誰でも同じだろう。

それに駅前の店に行っても、ちょっと一人なら声をかけてヤロウかなと思ったりする。昔は「そんな大それた事！」と思ったものだが、こんな元気、どこから湧いてきたんだろう。

まあ、とにかく、まったく見知らぬ子に声かけてヤロカと思ったりするくらいだから、高校時代にできなくても、大学へ行けば何とでもなるでしょう。

しかし、この過酷な受験勉強の中でも私はガンバルのです。勉強は勉強、ナニはナニ。とにかく、何でもイイ、ヤッタロじゃない。たとえ失敗しても、必ず何かを得ると思う。

また、勉強も口だけだけど、やらなくちゃ。

## 114　10月に入って

10月1日

十月に入った。秋の気色が濃くなり、今日からは黒いツメエリの学生服。この学生服とも、あと半年とないつきあい。

今は文化祭、体育祭の準備で大わらわという感じ。昨年は文化委員でいろいろ苦労したが、今年はそんな事もない。

勉強は大事だ。だけど、もっと大事なもの。

口ではっきりとはいえないが、友達とのつきあい、クラスの仲間と団結して何かに打ち込むということ。例えばそんなもの。学生として学校生活を楽しむということかもしれない。

文化祭、体育祭の準備を無視し、中心となっている級友を無視する。その人達には確かに、その人達なりに、それなりの考えがあってのことだろう。

だけど僕はそんな事はしたくない。そういう高校生でしかできないものには必死に打ち込んでおきたい。劇でも体育祭でも中心となってやっているわけではないが、あとで悔いのないように、しっかりやったなと思えるように残さずやっておきたい。

大学……志望大学へこのまま入れたら、どんなにうれしいだろう。しかし可能性はほとんどない。ただ、そういう「どうせ浪人さ！」という気持ちから、今のように勉強を少し一歩後ろに置いているというわけではないつもりだ。家に帰ったら勉強は必死にやろうと努力しているが……どうも熱が入らない。

ただ僕は大学へ入ったら遊ぼうと思っていた。今は考えがかわった。右に行きたいから右に行く、左にまがりたくなったから左へまがる。

言いかえれば、勉強したくないから遊んでばかりいる。働きたくないからブラブラしている。そんな風に、ただ欲望のおもむくままに生きていたら、人間はどこに落ちつくのだろう。遊んでばかりいるのは一見、いいようだが、少しも楽しいものではないはずだ。

常に目標をもっていて努力する。努力は苦しいものだと思っていた。だけど、ただそれだけで片付けてしまえないような、何かであるような気がする。そして時には、息抜きをして遊びまわる。

大学への道は遠い。大学ではやりたいことがたくさんある。あと一年かかるかもしれない。だけど、あくまで努力し続けよう。それでダメだったら、それはそれであきらめもつくだろう。ただ、受験で学生としての生活をダメにしたくはない。

いろいろ書いたけど、今は友達もいる。女の子のこともいろいろあるけど、あまり書きたくはない。文化祭、体育祭、最後の東校生としての大きな行事だし、一、二年生の時にはない、何か、ずっと楽しいものがある。

10月は、いろいろ忙しいけど、一カ月なんてすぐすぎちゃうんだ。何も見のがさないようにしよう。

## 115 体育祭

十月八日

昨日の体育祭は天気もよく本当に楽しかった。器具係で朝から大変だったが、一日中やっていたことといえば、女の子のことばかり気にしていた。

ズット前から気にしていた前田っていう娘。文化祭でポップコーンを売ってた野上っていう娘。それから田本っていう超美人。でも、この娘はカワイすぎるのか、どうしてかわからないけど、それ程、魅力を感じなかった。

野上さんは白い膚に赤いニキビがあって美人とは言えないが、何かわからない大変な魅力があるように思えた。三人とも一－Dの娘で名前は体操服のネームでわかった。

ほかに器具係でいっしょだったムッチリとした佐々木さんとか、毎日毎日、一番いいっていう人がかわっちゃうんでどうしようもない。

美人とはいえないけど話していても楽しい娘、温かそうな娘、とにかくいっしょにいたくなるような娘、そんな娘に魅力を感じる。いくらカワイクて美人でも、〝私はすごくもてるのよ！〃なんて顔しているやつは、まったく魅力を感じないネ。

１００ｍと障害物リレーに出たが、１００ｍは予選三位であった。なんというこの体力の衰退。大学では思いきり体を鍛えるぞ。

応援もあまりパッとしなかったけど、一応、カッコのついた旗、我がクラスの女の子の手製のハッピなど何とかやってた。三年Ｂ・Ｃ組の娘は一日中、ミニスカートやスケスケルックでおどっていたけど、よくもまあ、あきないなと感じた。とにかく、いつ見てもおどってない時はなかったな。みんな本当にこれが最後の高校生としてバカさわぎできる時なんだって思って、何につけても必死だったみたいだ。

この一日、競技の面はもちろんだけど、いろんな面でスリルがあって、本当に楽しかった。文化祭、体育祭、準備期間も入れて、この十日間程、いろんな娘をはじめて知ったり、劇に出たり、本当にいろんなことをやったけど、もうこれでおしまいかと思うと少し寂しい気もした。

高校生活はまだあるけど、八割方、終わった時点で言うならば、バカげたことで悩んだこともあったし、孤独だなと思った事もあった。だけど勉強で悩んだこともなければ、他に病気になることもなかった。

友達も一年生の頃は退屈だと思ったことはなかった。二年の時は、ちょっと寂しいと感じたけれど、田本や神田なんかといつもいっしょだったし、三年生は一、二年の時の少し内向的なところがなくなって、何にでも自信がもてるようになったし、友達にも不自由していない。ちょっと言わせてもらえば、一、二年の時には、それほど悩んだこともないけど、急に女の子の事で悩み始めたという感じだ。幸福かどうかっていう事は考えない。ただ、自分に正直に、堂々と生きていけば、それで必死に生きていけば、それが一番有意義な生き方であるような気がする。

## 116 (ツーリング)

十月二十三日(日)

今日はテスト中だというのに、革ジャン(ビニール?)着て、雅夫とバイクでフットばしてしまった。隣町の小高い丘に、ざっと五キロ程の所まで——。

途中で北高に寄ったが、東高との設備のあまりの違いにア然! 伝統は目に見えないせいか、どうもそっちの恩恵より設備の方をうけたまわりたい気がした。

帰りは雅夫に五千円借りているにもかかわらず、二人で喫茶店に寄ってしまった。テストの事が気になったけど、まあ気のゆるみだなんて言わないで、お許し願います。

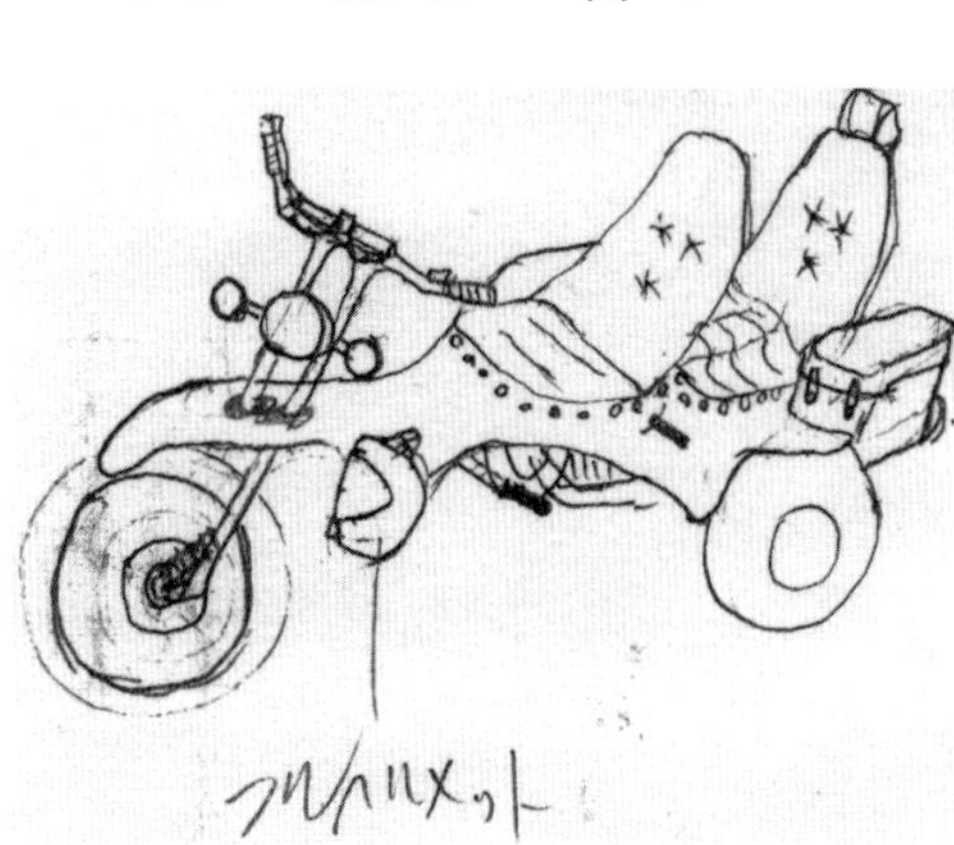

# 117 (弱気)

十一月十日(?)


目がさめる。今日は土曜日(※暦では木曜)。

思い切り半日勉強した後は、オートバイにでも乗って喫茶店に行きたい。

課題をすませたら、日曜日は映画を見に行くなり、デートするなり。そしたらまた、一週間、一生懸命やればいい。

古文も読んでみれば楽しいし、化学も英語も、そして世界史、日本史、どれも本当に学問の意義にもどれば、興味のわくものばかりだ。

いつも無視している古文やRの予習を完全にやって授業に出席してみたい。確かに受験勉強によって、真の学問の価値が破壊されているという気がする。

一日、三時間も予習、復習をし、日曜は思いきり遊ぶ、そんな時代はやってくるのだろうか。でも、もう僕達の高校生活は終わりに近づいている。どうやら来年は浪人の年、一生で一番、試練の年、挑戦の年となりそうだ。

いろんな事をやったけど、もっといろんな事をやりたかった。今は金もなく、勉強も気になるし、女の子の方もうまくいかない。

大学へ入ったらどうなるんだろう。きっと何をしていいのか、ボウ然としてしまうだろう。大学へ行っても勉強しよう。運動もしてみたい。

とにかく暇のある学生にはなりたくない。道はまだまだ長く、けわしい。少しずつ、かきわけて進んでいこう。あせっても仕方ない。

## 118 (入試直前)

(十一月中旬)

入試直前、三カ月だというのに、いったい東校はどうしてしまったんだろう。三田や畑山や雅行はマージャン、俺は小山田の下宿へモンキーでだべりに。

入試の事は忘れちゃあいないけど、いったい何がいけないいんだ。世間がいけないのか、自分がいけないのか、俺の知ったことじゃあない。

いろんな友達と接して感じることだが、友人にしろ恋人にしろ、交際する時に最も禁物なのが高慢さであるという気がする。自分は少し、ほとんど冗談で言っているつもりだが、高慢なところが多いような気がする。それに少し攻撃的であるような気がする。

そして後で、どうしてあんなに感情的になったのか、わからなかったりすることがよくある。正しい目をもつ、控えめでおおらかな人間になりたいものだ。

## １１９　（人間の輝き）

（十二月上旬）

人間はその価値においていろんな要素をもっている。

容姿、性格、学歴、社会的地位、教養。そんな中で最近、特に気になっているのが人の教養の高さ。教養、知性の要素は性格ともたいへん関係をもっているが、教養のある人は目に見えないもの以上の輝きがあるという気がする。

教養は物理や社会、英語など基本的学問を土台として、その上に読書など、あるいは社会的経験を通して積み上げられるものだと思う。知性、教養を身につけるには努力がいるともいえる。

しかし、それを身につけるのが苦痛であるようなら、まだ本物ではなく、教養が身につくにつれて、うれしくてたまらないというのが本当であるはずだ。教養も知性もなく、やたら遊んでいる人間こそ人間のクズといえる。

女性においても容姿ばかり重んじられるが、知性、教養の高さも、それに劣らず大切であるという気がする。教養のある人とは物知りの人のことではなく、正しく温かい心を重ね持っている人のことだ。

教養のある友達とつき合えば、自らも教養が深くなるともいえる。それゆえ、誰もが教養のある人間を目ざすべきだろう。

## 120　詩

（宇宙）

小さい　本当に小さい
宇宙の大きさに比べて
あまりに小さすぎる
だけど　その悩みも価値観も小さすぎるから
何とか希望をもっていけるわけもある
宇宙旅行でもしてみれば
人は誰でも大きくなるのだろう
地球は小さい　もっと人間は小さい
全てをのみ込む宇宙　何だろう

（十二月上旬）

## 121　（イラスト　スキー）

冬だ　スキーだ　銀世界だ

（十二月中旬）

## 122（錯乱状態）

（十二月中旬）

俺、今18歳。18にもなって……とよく思うんだ。18歳といえば、ちょうど子供と大人の中間という感じが強い。19歳というと、やはりもう立派な人格を持った大人に違いない。

そんな19歳にも、あと半年にもたたずして突入ということになる。なんだが、自分が未だ未熟であるが由に怖い気がする。

内気で小心で、何か勉強に追いたてられて夢がなく……。もっともっと社会を大きく大胆に構えて、余裕をもって染めて？みたいものだ。

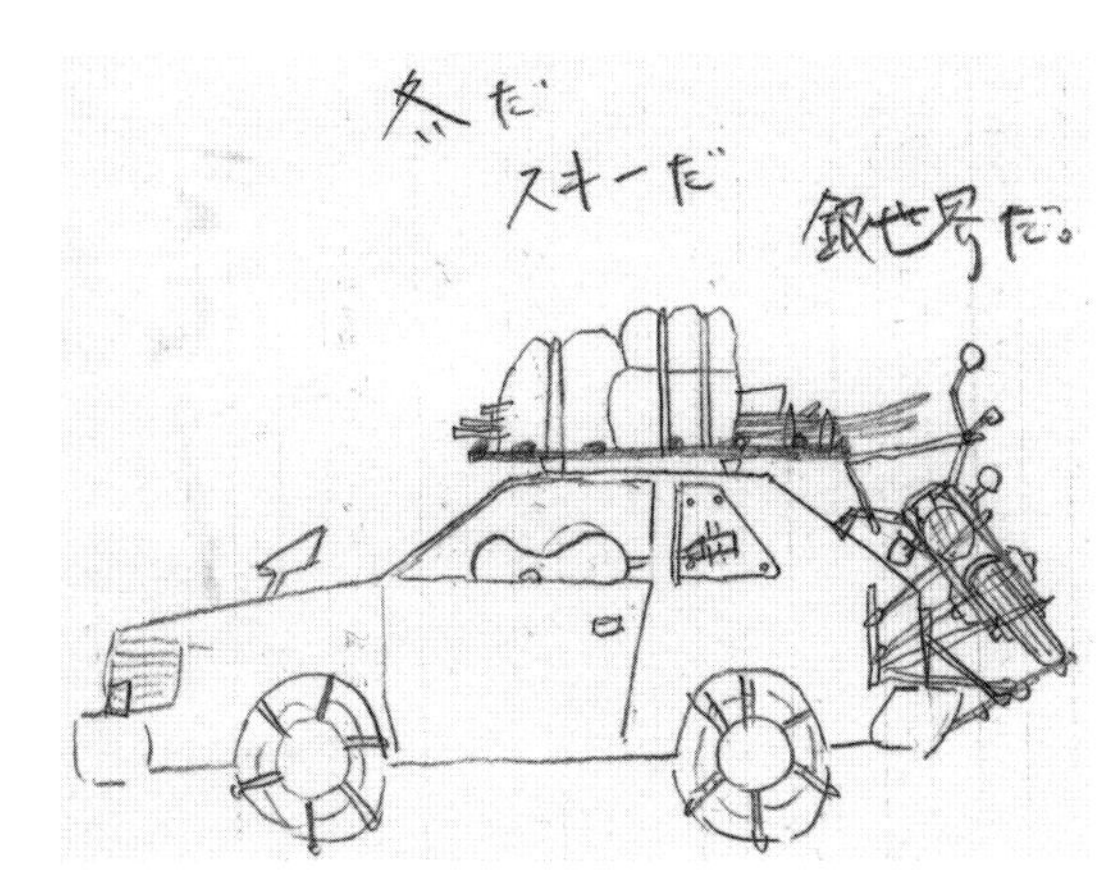


自分には親友はいると思う。ただ彼とはよく話すし、気も合うけど完全なる遊び友達ではない。

オートバイに乗ったり、映画に行ったり、とにかく遊ぶ時にいつも気の合う奴がいると楽しさが倍増する。彼は例えば雅夫や春男とは少し違い、遊びばかりを求めたりする方ではない。

確かに今が受験期だから遊べないのも当然で、そういう遊びの一面は自由になった時、どんどん広がるのかもしれない。

本当に気の合った、何をするにしても自分の片腕のようにお互いに自由に使える友達がほしい。そんな友達は三人がちょうどで、四人いては余分だし逆効果だ。

もう一人、気の合った奴いないかな……。もちろん僕ばかりでは駄目で、三人の気がピッタリ合わなくちゃあいけない。

彼と急に親しくなりはじめたのは半年程前、その事を思えば親友なんて二カ月もあれば充分で、そう仕立てあげる事ができる。親友も女の子といっしょでどんどんアタックして行く必要がある。


あんなに思い悩んだのに……何がそうさせたのか、顔もほとんどしらないし、知っているのは名前と声ぐらいのもの。

それなのにどうして今思うと、あんなに錯乱状態におちいってしまったのか。あんな、せつなくて、どうしようもない気持ちは初めてだった。

きっと恋に恋するっていうのだったのかもしれない。その証拠に浪人をしなくてもすむかもしれない可能性が出て来たら、急にあわてなくなった。でもやはり、あの娘でないと……と今でも思う。

だけど十二月十六日㈮のスーパーでの事件、ちょっときつかったけど、少なくとも自分の勇気は立証されたから満足だ。

でもまた、三日程たって、もう一度……と思ったり。もう18、当然あってもおかしくない年。だけど、あのコどんなコなんだろう。超美人じゃあない事はたしか。真正面から見たら失望するとは思うが、まあ中の上か、上の下といったところだと思う。

どうして、そんなコにと思うのだが……俺もヤル事が小さいネ。

## 123　メリー・クリスマス

（十二月中旬）


おいらのクリスマスは下宿でいろいろ悩みながら勉強してるよ。ケーキ、え？　そんなものないよ。お金だって三百円ぐらいしかないんだ。

昔のクリスマスは夢があったよ。何が夢を奪ったか怒る気もしないよ。

大学に受からなくちゃ。まあ、何年もやる事じゃあないから、今年ぐらいは我慢するよ。

来年はどっか国立大に籍を置いて、ゆっくりとケーキでも食べ、酒をのんで、どんちゃん騒ぎができるようにガンバロウゼ。

## 124（受験地獄）

一月六日

今だけかな、こんなに悩んじゃうのは……。

一つ問題があると、まわりの事までが気になって、どんどん問題がふえてっちゃう。大学にスベッテ、いろんなコンプレックスで何ひとつ、いいところがないみたいに思えて、こんな沈んだ気持ち生まれてはじめて。

すべて受験がいけないと叫びたい。受験地獄なんて、半年前は特別な人間の事だと思ってたけど、本当は僕みたいな人間のいる世界かもネ。

とにかく国立に受かれば、それも吹き飛ぶと思う。受からなかったら、また一年、受験地獄が……。オー恐ろしい。

## 125（泣くな歩け）

（一月中旬）

泣くな　考え込むな
歩け　歩きながら考えろ
時間が足りないんだ
泣きくずれるな

今が一番つらいんだ
でも苦しい　つらい
浪人なんて考えられない
物事をゆっくり考えられる時間がほしい

## 126　父へ

一月二十九日

あなたは僕をどんなふうに考えているのですか。ただ有名大学へ合格して、自分の自慢話の種にでもなったら幸いだとぐらいにしか思っていないのですか。

確かに、兄が希望の学校へ行けずに親戚からどんなふうに思われているかということを考えれば、それも親心として当然とも言えます。この三年間も東校へ行っているというので、多少なりとも気が晴れたはずです。そしてまた、それ以上の期待を僕にかけようとしている。

僕自身、兄の分まで頑張ろうと今まで懸命にやってきたつもりです。その結果、東校でも、かなりの成績がとれました。これで国立大にでも受かれば僕自身も満足です。でも不合格となったら、どんなふうに思うんですか。

あなたは自分自身の名誉に結びつく事しか考えていないんじゃあないんですか。自分の息子を自分自身の名誉の道具ぐらいにしか思っていないんじゃあないんですか。

そして、金で自分の思うように息子を縛ろうとする。国立大へ受かる事がどんなに難しいか知りもせず、私立へは行かせないと言ったり、金は出さないと言ったり、その一言が、今まで受験勉強を一途にやってきた者にとって、どれだけショックとなるか分かっているのですか。

あなたは自分を犠牲にして働き、僕を学校へ行かせているかのごとく言いますが、都会の人がそれを聞いたら笑います。何の保障もなく、小さな家に住み、父親一人の体がたよりの家族が子供のために働き、大学や高校に通わせている。それも大学の場合、大半が私立です。

我が家にいたっては、（百年以上で古いけど）大きな家もあるし、働きに出なくても、（農家だから食物には困らず）食っていける。大黒柱が倒れれば（田畑など売れる）土地がある。大きな保障があるんです。

あなたは、その保障をありがたいと思っているんですか。それを知っていて、自分で苦労しているような気分になって、俺は尽くしているんだと自己満足しているだけだと思いませんか。都会の人は病気、事故、即、生活難です。それにもかかわらず、五十万以上出して、子供を大学にやるんです。

あなたの父親は、では建設作業をして子供を育ててきたのですか。みんな保障があったからこそです。それも子供が八人も。

我が家にいたっては僕一人だけだと言ってもいい程、お金がかからないはずです。それでもアタフタしているんじゃあ言葉も出ません。

ぜいたくは禁物です。そんな事は望んではいません。子供に何かを期待するより、誠実に、何かに打ち込んでいる熱意のある人になってほしいと思いませんか。

大学なんてどこでもいい、世間並みでいい。ただ一生懸命やったなら、そう考える人は身のまわりにもたくさんいます。

世間体だけ考えて何もできず、カラにとじこもっているのは、あまりに臆病です。あなたのまわりにも世間体など気にも留めず、新しい事業に挑戦している人がいるはずです。

あなたは、あまりに自分の子供に対して無関心、無神経すぎます。自分では、関心をもっているつもりでも、世間一般に比べれば全くないと同じです。少なくとも僕にはそう感じます。兄の事だってそうです。世間の事など考えず、いくら金を使っても、もう少し考えてやったらどうですか。

ただ、もう少し熱意と関心をもって接してくれる事を望みます（ひとりごと）。

二月十五日

## 127（予餞会）

先生方、今日の予餞会、本当に有難うございました。

『さようなら　我が愛する　生徒たち』

B紙に書いたこの言葉を読んだ時、ジーンとしました。

劇も本当にユニークで、先生方の熱意が感じられました。松野先生のあの（おどけた）目は最後まで、みんなの笑いを誘いました。岡田先生の顔面真っ白なシンデレラ、木元先生の王様、坂井先生の魔女、みんな地位も名誉もいっさい捨てての演技でした。

本当に三年間、つきっきりの先生方でした。特に英数国の先生方は長いつき合いでした。我が東校はどこにでもある高校かもしれないし、卒業の感激は誰しも感じるものでもあるだろう。でも、すばらしい学校だった。いつまでも誇れる我が母校だと思う。

この三年間、東校の伝統の中に、どっぷりとつかっていた自分。もう授業もない。あるのは卒業式だけ。でも寂しいとも感じない。入試のためだろう。

私立の合格発表が近い。国立の受験日を目ざして猛勉強しなくてはいけない。現在、きっと駄目だろうというあきらめと、でも、何とかしようという気持ちと、浪人したらどうしようという気持ちで勉強が手につかない状態だ。

それに少なからず、異性の事でも考える事が多い。この半年、この問題は受験勉強に大きく影響したかもしれない。でも、それによってすべってしまっても悔いはない。言葉には書けないあるものが自分にそなわったという気がする。

みんな悩みながら前へ進んだという感じの毎日だったようだ。今は雑念を捨ててヤルしかない。

## 128　私立大学合格

2月19日

私立大学に補欠合格した。補欠で少し残念な気もするが、まあ、特別徴収金を四万円余分に取られるだけで、正規合格者と何ら差別されないのだから満足している。

こんな私立なんて！　と少し前までは言っていたが、ここら辺の私立理工系大学では一番、難しいだけあって、やはりうれしかった。

それで今日は図書館へ行って、クラスの連中と雑談したり、吉原の下宿へ行ってケーキを食ったり、岩井に電話したりでウキウキして勉強が手につかなかった。

これで最低一つは合格できたから、国立へも堂々と挑戦できる。私立大学へは金を払わないから行くことにはならないが、今年も東高でもかなり不合格となったようだ。おそらく3分の1か、4分の1ぐらいしか合格していないだろうと思う。本当にタッチの差で私立第一志望にスベリ込みセーフという感じだった。

ただ今回感じたことは、これから国立が不合格となれば浪人ということになるが、いざそうなっても、そんなに思いつめなくてもいいということだ。

昨日は桑田や春日、大岩が革ジャン着て、車で雅夫をマージャンにでもさそいに来ていて、どうして俺だけこんなに一人で勉強しなくちゃあいけないんだと思いつめたり、浪人の事を考えたりすると沈んでしまったりしていたが、合格の速達を手にして、図書館でみんなと騒ぎまくったら、そんなうっぷんも吹っ飛び、本当に今日は一日が楽しかった。どんな立場にあっても、すべて心の持ちようで何とでもなる。自分の事を自ら不幸だと決めつけたりして、いじけないで誰かとまず話してみる、騒いでみる、それが大切だ。悩む暇もない程、しゃべりまくっていたり、動きまくっているのが一番いい。次は国立大学だが、何とか合格できそうな気もする。ガンバロウ。

## 129　ありがとう兄貴

二月

汗水たらして働いてかせいだ給料
それを親どもにかわって惜しみなく出してくれる
何の遊びも友達もいない兄貴
でもいつか　その温かさを知ってくれる人が現れる事を祈ります
本当にありがとう

## 130　収入と支出

二月

○その一

| | | |
|---|---|---|
| 収入 | 家から（入試費用含む） | 110000円 |
| 支出 | 下宿代（二食付） | 27500円 |
| | 衣服（ズボン、セーター、シャツ） | 9600円 |
| | ストーブ他 | 9000円 |
| | ヤカン | 1000円 |
| | 私立大入試 | 15000円 |
| | 授業料（二カ月分） | 33000円 |
| | 食費（昼食のパンと牛乳） | 25000円 |

○その二

| | | |
|---|---|---|
| 収入 | 家から | 100000円 |

高校三年生

支出　借金返済　雅夫　1300円
　　　　　　　柴山　1000円
　　　　　　　三田　1000円
　　　　　　小山田　1000円＋昼代
（残りの借金　柴山　1500円）

## 131　卒業式前夜思う　2月28日

いよいよ明日は卒業式。ただ、今の心境はそんな厳粛としたものは全然なく、また二、三日すると、あの退屈な授業が待っているかのように思える。

しかし、現実はもう、学生服を着て、あの小さな机に座ることもないし、教室のすみに野郎どもと群れをなして話したり、ドッと笑うこともないわけだ。

新しい生活が待っているといえば、そうだが、今までの生活とあまりにそれは違いすぎる。机を並べている限り、みんな平等だった。学生服を着ている間は、誰が金持ちだとか貧しいとかいう事は少しもわからない。

それがこれからは、そのわくを破って有名大学へ行く者、三流私立へ行く者、就職する者、専門学校へ行く者、また、一年も経たずにお嫁に行く子も中にはいることだろう。もうすぐ、そこまで大人の世界がやってきているという気がする。

そんな事をあらためて考えると、アーそうかナーと思い、感嘆してしまうのだが、何故か実感がわかない。おそらく卒業して月日が少し経てば、そんな厳粛な気持ちになるのかもしれない。

一人ひとりが、本当にいろんな想い出のある奴ばかりだが、そいつらとも明日限り……。まあ、どこかで会いたいとも思うが、そうもいかないだろうし、そんな想いもいつかは時間が消し去ってしまいそうな気がする。

だから、そんな別れのさみしさが残っているうちに一言、言っておきたい。本当に僕を取り巻いて世話をしてくれたり話したり、いつもいっしょにいたりしたみんな、ありがとう。どうか元気でやってください。

みんなとは友達はもちろん、先生そして下宿の

卒業式前夜思う　2月28日

いよいよ明日は卒業式。　ただ今の心境はそんな厳粛なも
ものは全然なく、また二、三日すると、あの退屈な授業が待っている
かのように思える。　しかし現実は、もう学生服を着てあの小さ
机に座ることもないし、教室のすみに野郎どもと群れをなして
話したり、ドッと笑うこともないわけだ。
新しい生活が待っているといえば、そうだが、今までの生活とあま

人達、この街へ来て知り合った人達、全部だ。

この三年間、何があったかといわれると少し当惑してしまうけれど、何かゴチャゴチャしていたように思う。

一年の頃、今よりずっと陽気だったように思う。別な見方をすれば、少し落ち着きがでてきて、大人に近づいたということかもしれない。バカな事で悩んだ事もあった。でも家に帰る時、またあした友達に会えるのに何故か寂しかった事を覚えている。それ程、友達との会話が楽しかったという事もある。下宿での事もいろいろあった。

三年になって、受験があるというのに、六月ぐらいから女の子の事でいろいろと悩んだり、この二つのかね合いで本当によく考え込んだり眠れなかったりした。それは今でも続いていると言ってもいい。


楽しい事もたくさんあったし、それに劣らず悩み苦しみ、絶望したりして（本人はそのつもり）、でもよくよく考えれば、たいした事ではなくて、また気をよくしてみたり、他人を見て自分をみじめに思ったり、また他人を見て自分が恵まれている事に感謝してみたり、とにかくすべての感情がいつもサイクルで自分を満たしていたように思う。

僕だけではなく、みんなもそうだったはずだ。あいつは頭もよく顔もスタイルも、そして、性格も明るいから、たとえあるにしてもたいした悩みはないだろうとか、あの子はブスでどうしようもないから、毎日いじけてばかりいるんだろうなんていう考えは、どこか当たっているようにも思えるが、おそらくは偏見であると思う。

人間誰しも、誰よりも優れた人間などいない以上、また欲には限りがない人間である以上、いつも上ばかり見がちで下を見る事を忘れるのが本音だろう。だから優れた人間はその人なりの、また悩みを持っていると思う。

悩みがたくさんあったとか、死ぬ程悩んだとか、悩みなんて自分の場合だけなら比べようもあるが、他人とは比べることはできない。それ由、自分なりに解釈しているのであって、基準などないものだと思う。僕も、そしてみんなだいたいおんなじだったろうと思う。

ただ、それが青春だとか言われてもピンとこない。

確かに、あんなに苦しかった事でも悩んだことでも、月日が経ってしまうと楽しい一つの想い出になってしまったり、とかく過去は美化されてしまう。だから、その感情の嵐の中を通りすぎた大人たちは、それをみんな美化してしまって、青春はすばらしいなんて昔の事を想い出していたりする。

そして、その美化された想い出の裏で、あんなに悩んだ事、つらかった事はすっかり忘れてしまっている。だから青春なんて言葉は大人が作った言葉だと思う。

僕等は、そんな時代のまっただ中にいるけれど、そんな毎日が青春だなんて思って暮らしていることはない。つらい事があり楽しい事がある。そんな事の繰り返しだ。まっただ中にいるから、その中の事がよくわからないのかもしれない。ちょうど日本にばかりいる人が、外国へ出て初めて日本の事を知るように。

これから、高校生としてのワクを取りはずされた以上、また新しいワクが必ずあるはずだ。自分はまだ決まっていない。目標の大学でも、あるいは浪人でも、どこにいても、また楽しい事もあるだろうし、悩む事も必ずあると思う。悩む事はあっても絶望してしまう事がないようにしたい。

まだ未熟で、先に新しい人生がある事を忘れてしまい、というより気付かず、現在のつらさだけで沈んでしまう事がある。明日がある事を忘れるな。そうすれば、悩む事はあっても絶望する事はないと思う。

まだ今の自分には受験がある。明日からは、いよいよ国立受験のために旅に出る。生まれて初めての旅だ。合格をもちろん目ざすが、まだまだ先はけわしい道がある。ほんの長い受験との闘いの中での旅行とでも思って、軽い気持ちで行ってくるつもりだ。それで今日、フィルムを買ってきた。

じゃあ明日は、最後の高校生としての登校だ。別れの日でもあり、旅立ちの日でもある。想いを新たにしよう。

## 132　M・YさんとA・Oさん

2月28日

ここで受験以外に僕を悩ませている事を一つ書いておきたい。M・Yに何度か電話しようと思った。そのたびに面倒くさくなったり、ちょっとやりすぎだと思って、一旦、遅らせるつもりでやめてしまったり、そんな事の繰り返しだった。

僕が気が小さいのかもしれないが、誰でも最初はこんなものだと思う。あの子は今の自分にとって一番、声のかけやすい子だろう。明るい感じで話をしたこともあるし、今でもあいさつするし、でも電話するとなれば好意は隠せない。

何も隠そうとは思わないが、やはり最初なためか、ついついためらってしまったりする。

A・Oさんの事でもそうだ。話をして名前まで、ずうずうしく聞いたのだから、また話しかけても別におかしくはないのだが、相手が一年である事や家の人の事なんか、ついつい考えてしまい、弱気になってしまったりする。顔もはっきりわからなかったのだが、今日スーパーでみたら、けっこうカワイイ子だった。あの子もかなりこっちを気にしていたようだった。

明日が卒業式で、とうとう日も迫って来たから、話でもできたらと思って出て来たのかもしれない。少し考えすぎかな？

でもこの半年、彼女をめぐって、いろんな事を考え、そして悩んだ。それが自分の進歩に、どれだけ役立ったか、そういう点では彼女に心から感謝している。

ただ、ここを離れるまでに彼女と話すか話せないか、それはその時の心境でわからないが、もし名前まで聞いて彼女の気持ちをふみにじってしまったのなら、ごめんなさい。

彼女は一年生、そんな彼女が二つも年上の男の人に声をかけるのは並大抵の事ではないと思う。それは当然、僕の方からすべき事なのだろう。でも僕は受験があるせいか、それとも不なれで気が小さいためなのか、もっと言えば無気力なためなのか、何も言わずに離れてしまうかもしれない。

それに浪人したら、それどころではないかもしれない。ひとりずもうかとも思ったけれど、名前まで聞いたのだから、あの子が気にしないわけはないし、あの子の様子からしても、どうもそうでないようだ。

高校時代最後の大事件であることは確かだ。まだまだ僕は悩む事がたりないのかもしれない。今までの経験からすれば、悩めば悩む程、大きくなれるような気がする。受験もあり、こんな事ばかり書いていていいのか、なんて思わないこともないが、何故か大学よりも気になる。

卒業、受験、恋、別れ、出会いと、今の僕等は大河の合流している激流地帯のただ中にいるようだ。いつか、そのうちの一つの大河に落ち着く事だろう。

ただ、後悔せずにすむように卒業し、この三年を過ごした地と別れたい。今、その後始末で四苦八苦している。

## 133　卒業式を終えて

3月1日

二月もようやく終わり、いよいよ春たけなわの三月に入った今日、卒業式が行われた。中学の時より、どこか質素な気がした。しかし最後、退場の時に、拍手をしながら、じっと見送ってくださった先生方、その目には——さようなら、がんばるんだゾ、我が生徒達——という気持ちがあふれていた。最後のホームルームでの町田先生の歌もすばらしかった。みんながみんな温かく送ってくださった。

帰る時には、一、二年の女の子が三階に来て、彼氏なのかどうかしれないが名ごりおしそうに話をしていた。いっしょに並んで写真をとってもらっているカップルもあった。同級生同士で何人もとっているところもあった。

そしてA組の出田先生から（クラス全員へ一人一本ずつ）のプレゼント、カーネーションの花がとてもきれいだった。いかにも卒業式らしい雰囲気だった。俺もあんな子と、最後に、いっしょに並んで写真でもとれたらなと思ったりもしたが、とうてい無理な話。それならそれなりに、在校中からがんばっておけばよかったものを、そんな事は何もしていない。

今ここで、勉強の事で後悔はしていない。冬休み、さぼってしまったとか、毎日の生活が、あまりひきしまっていなかったとか、受験直前になっても勉強が手につかないとか、いろいろあるけれど、そんな事はもうどうでもいい。自分は人並み以上に努力したし、最低限、みんながバタバタすべった私大に合格できた。

それ以上を望んでいる今の自分は、たとえ浪人しても、さぼったなどとは思わない。それにこの三年間、赤点で悩んだこともなかったし、だから学生の本分である勉学の面では何も後悔はしていない。

しいて心残りな事があるとすれば、男女の事に関してだろう。気になった女の子に声をかけようとも思ったが、結局やめてしまった。その時は、もう充分あきらめもついたのだが、今となって、やはり少し気になる。ふられたらふられたで、どんなにその時みじめでも、この卒業の時には必ず、一つのなつかしい想い出になっていたにちがいない。

何にもできなかった自分に腹立たしいと思う事もある。だから最後、何かをやっておきたい。浪人してもスパッとふられたのなら、きっとなつかしい想い出になるだろうと思う。

今日の卒業式は高校生でなくなる事を悲しむより、彼女や彼氏との別れが辛いというのが、ほとんど、みんなの心境だったようだ。そして誰しもが、破れた想い出をなつかしくおもい、何もできなかった事を後悔していることだと思う。

今から国立一期の受験に行ってきます。事故もなく、体をこわさずに元気に帰ってきたい。その後でまた、二期校がある。まだまだ進路の事、彼女の事と考える事が山とあるんだ。

日付なし

## 134　詩

（希望と目標）

健康な者に
真の健康の喜びはわからないだろうし
裕福な者に
真のお金のありがたさ
労働の苦しさ尊さはわからないだろうし
ふられた事のない者に
真の恋の喜びも苦しみもむずかしさも
理解できないだろう
人は希望のかたまりみたいなもの
希望がかなってしまったら

何故か　それに飽きてしまったりする
希望をもち　目標をもて
広く広く　目を開け
そしていつも輝いているがいい

## 135　入試終わる

昭和五十三年三月二十五日

ようやく最後の（国立）二期の入試も終わった。これといって大失敗はしなかったが、いくつかミスがあって残念に思っている。

合格の自信？　まあ、予想点が50点～53点ぐらいだから、ちょっと無理みたい。でも社会の論述でどれくらいくれるか、数学の部分点、国語の論述、英語の要約などで点が予想外に伸びれば合格の可能性はあると思う。

もし他の学科にしておけば合格したようにも思える。数学科でも数学で確率をやり、極限のやつさえできれば、プラス25点で全体平均57点ぐらいで合格できたかもしれない。

でも、もう不合格だと思って、浪人の心構えをすることにしている。国立一期の時もつらかったし、不合格の時またつらいだろうから……。

入試とはいえ、テストのことばかりでなく、いろんな事があった。バスの中でカワイイ子を見ては憧れ、教室の中でまたカワイイ子ばかり気にしてたり、こればかりだからダメナンダヨナー。でも本人はそれでいいと思ってんだ。

でも浪人て今、考えるとイヤダナー。女の子の事も遊びもすべてやめて、一年間必死でガリ勉するなんて……。まさか来年も、今年みたいに軒並み不合格なんてイヤダシ。来年こそは、たとえ二流でも国立大学に合格しなくちゃあ。

国立なんかの入試に行くとひしひしと感じるんだけど、我が東校なんて、ほんの田舎のちょっとした進学校にすぎないんだな〜って。大都市やあちこちの市の名門校がわんさか押しよせて来る。俺は井の中のかわずだったのかもしれない。ここを出たら、少しはそうでなくなるだろう。

今はただ、もうどうしていいか途方にくれてしまっている。浪人、浪人……どんな毎日が

まっているんだろう。でも、東校の男子の3人に1人は浪人するんじゃあないか。仲間なら、わんさかといる。それでも何となく不安だ。

俺のいけない点は上ばかりを見て、下を見るのを忘れがちな事だ。世間体も気にしすぎる。もっと気楽に自分自身の道を進もうや。

# 高校時代を振り返って

四十年以上前の日記を改めて読んでみて、当時の日常の出来事や、忘れていた心の内を少し思い出しました。

高一の頃は、まだまだ中学生の延長という様子で幼さが残り、読むとはずかしい気がします。

高二になると学校生活にも慣れて、青春を満喫しているとも破目をはずしているとも言え、調子に乗っている感じです。

高三は、やはり受験が徐々に前面に出て来て、「受験地獄」やら、「泣くな歩け」などの辛くなる言葉がやたらと出て、今もなんとなく当時の重苦しい状況を想い出します。

◇生活面

毎日の生活については、下宿では親の目が届かず、かなり気ままに生活していました。お酒やエンタ（タバコ）の話が何度か出て、少しあせりましたが、お金もなかったし、もちろん日常的にやっていたわけではありません。それぞれテストの後など、年に3～4回だったと思います。夜に出歩くのも同じぐらいの回数でした。興味本位だったのかもしれませんが、どれも見つかれば親の呼び出しだけでは済まなかったでしょう。

今さら言い訳しても仕方ありませんが、事実関係が違ってくるので補足しておきます。他には、アイパーを一度だけかけましたが、パーマなどをかけた生徒は目立つ髪型だと担任や指導部の先生に注意されたり、髪をつかまれたりしていました。

バイクは土日に家へ帰ることを理由に、中古を友人から一万円ほどで買ったものです。そして、私を含めて下宿生はテレビもなく話す相手もいないので、仕方なくとはいえ、比較的よく勉強したと思います。当時、よく話していた下宿生の多くが希望したところへ就職しているように思います。

それと下宿生活では家族と早くから離れて暮らすので、家族関係で良い面も悪い面もありました。私は父親とケンカばかりしていたので、距離を置いて暮らしたのは互いにとって良かったと感じています。月に二回程は土日に家に帰り、その時はケンカもしたけれど、すぐに下宿に戻るので大したことにはなりませんでした。

その後、大学への入学や就職となるにつれて、ますます父と顔を合わす機会は減っていき、関係は良くなっていきました。それから父が亡くなるまで二十年以上、正月や盆などには必ず帰り、良好な関係だったと思います。辛抱強く支えてくれた両親には感謝しています。

親や兄弟などとケンカばかりしているのなら、大学からでなく高校から下宿したり寄宿舎に入って、落ち着いて勉強するのも一つの選択肢だと思います。

ただし、早くから一人暮らしをするのは、親や祖父母などと共に生活する中で学ぶ、常識や生活の知恵などを十分に体得することなく生活することになるので、様々な危険やトラブルに巻き込まれる恐れもあります。私もお店で買った値引きのおにぎりを食べてゲーゲー吐いたり、突然、訪ねて来た若い女性に花一輪を千円で買わされそうになったりしました。


もう一つ生活面で覚えているのは経済面で苦労したという事です。下宿代や修学旅行の集金などが期日に払えずに「忘れました」と嘘をついたり、友達五人に千円ずつ借りて急場をしのいだりして何度も肩身の狭い思いをしました。

家族も懸命に働いてくれていたけれど、ちょうどその頃に実家を大幅に改築したための借金返済があり、経済的に苦しい状況でした。

こういう状況で私が一つ反省しているのは、当時、校内放送で「ショウガクセイノカタハ、ジムシツヘキテクダサイ」と聞いたのですが、何の事か分からずにそのままにしてしまったことです。友達の何人かに聞けば、奨学金という制度があることを知り、もしかしたら申請して経済的な悩みからは解放されていたかもしれません。

中学生の時の先生が文集の中で、「悩んだり解らない事があったら、一人で抱え込まずに周りの人に聞くように」と書いておられたのを後で知りましたが、本当に大切な事だけれど出来そうで割と難しい事です。

他に生活面で大きかったのは三年になる時に、隣の部屋の雅夫君といっしょに別の下宿に移ったという事です。直接の原因は部屋の変更を下宿のおばさんに認めてもらえなかったことでしたが、本当は新しい下宿に移れば何か新しい事が起きるような気がしたからでした。

実際に、新しい下宿でいろいろな事もあり移って良かったのですが、今でも下宿のおばさんには申し訳なかったなと思います。

◇勉強・受験

勉強や受験については、部活動などもせずに自分なりに頑張ったつもりだけれど、やり方が悪かったり、方針があいまいだったりして十分な結果は得られませんでした。

具体的には授業をあまり重視していなかったことや、参考書などは一冊を何度もやるより、複数の参考書を一回ずつやった方が効果があると自分で勝手に信じていたことです。

私は夢想癖があり、授業を聞いていない事もあり、より受験に役立てることを意識して集中して聞くべきでした。一応、受験雑誌などを読んで勉強のやり方を研究もしたけれど、あまり信じず自己流が多かったような気がします。

それでも毎日、平均して三時間前後は勉強したので、それなりに満足しています。

受験の方針については、理系と文系、国立と私立をはっきりと決められずにいました。一応、二年から理系クラスに入ったのですが、国立に落ちたら、我が家に私立の理系に行けるだけの経済力があるだろうかという不安が常にありました。

案の定、不安は的中し、現役の時は国立には落ち、私立の理系には合格したのですが、親も国立でないと駄目だと言うし、自分も再チャレンジしたかったので浪人することにしました。

予備校の費用や下宿代などは親からだけでは足りず、兄からも援助してもらいました。

そして浪人しても再び国立に落ちたら私立は文系でないと学費面で無理だろうと考え、悩んだ末に理系から文系に変えることにしました。それまで勉強してきた、数学IIやIII、物理IIや化学IIが必要なくなってしまうので悔しかったけれど、最悪の場合も考えて現実的に判断するしかありませんでした。

しかし浪人生活は私の能天気な悪いところが出てしまい、十一月頃まで勉強も中途半端で、他の浪人生と夜遊びしたりして成績は変わりませんでした。

それで確実に合格できる学費の安い大学をあわてて探し、国立大学の文系のII部（夜間部）を受験し合格しました。夜間部は学費が昼間の半分で五年制でした。一年間は仕送りしてもらいましたが、翌年からは就職したので経済的な問題も解決しました。

受験では必ずしも満足できる結果ではなかったかもしれませんが、就職の際には幅広い基礎学力を重視する試験だったので、五教科七科目を勉強してきて希望通りの就職ができ、高校や浪人時代の努力が報われた気がしました。

それと受験を経験して感じたことは引き際が大事ということです。一浪後に合格した大学に十分に満足できずに、「二浪も考えている」と高校の教員の経験がある叔父に相談したら、「受験に酔っている」と言われ、その通りだなと思いました。

大学の夜間部での授業と並行して、就職試験に合格するまで一年近く、再受験の勉強もしていました。私の周りにも、大学へ入っても再受験を目指している人がいました。

私の感じでは、浪人を含めて受験結果に満足しているのは四分の一程、まあまあ満足している人も四分の一、少し不満、まったく不満も同じ割合くらいだろうと思います。

もちろん、受験も何事もあきらめずに頑張る事は当然だけれど、受験の先には就職があり、就職しても三年で三割もの人が退職するという現実を見ても、先はまだまだ長く続きます。

受験の結果が出たら、次の就職試験やら資格試験を目指して頑張れば、自分次第で、希望を失うことはないと思います。

私も自分の学力と家の経済力を考えたら大学は無理かと何度も落ち込んだけれど、なんとか先に続く道を探すことができました。

## ◇体と心の悩み

こういう身体的なコンプレックスや性格的な悩みは、高校生のほとんどが多かれ少なかれ持っているのだろうと思います。私については悩みなど何も無いように見えて、アッケラカンとしているように言う友人もいましたが、自分にとってはそれなりに大きな悩みがありました。

私は右目が二重まぶたで左目が一重になっていました。それは右目のまぶただけが、生まれつき少し垂れており、小学生の時にまぶたを持ち上げる手術をしました。それで右側の方だけが二重まぶたになったのですが、やはり生まれつきの二重とは違っていたのか、一部の同級生から「整形に失敗した」などと茶化されたりしました。

私はすぐに、その同級生をつかまえて、冗談っぽくひっぱたいたりしたし、よく、ふざけていた仲でもあったので深刻になることはありませんでした。それでもやはり、自分の右側だけの二重まぶたを変に思う奴がいるんだと悩み、コンプレックスに感じていました。

高校に入り色気づいたからか、容姿のことが中学の時より気になって、とうとう右側の二重まぶたを左側と同じ一重に直したいと思い、眼科を受診しに行きました。とても恥ずかしかったし、勇気も要ることだったはずだけれど、それほど思い詰めていたのでしょう。

結局、眼科の先生に専門の眼科への紹介状を書いてもらったのですが、何故かそこへ受診に行きませんでした。それから悩まなくなったわけではないけれど、それなりに自分で、悩みと何とか慣れていったのだろうと思います。あれから四十年経った今でも、当時と変わらず右側だけが二重まぶたのままです。

そして五十代後半になっても、意外に容姿の事は気になるもので、若い時はニキビ、今は薄くなった髪の毛や顔のシミの事が気になります。


心の悩みについては、体の悩みと同じで日記の内で少しだけ書いていますが、あまり真正面から長々と書いたことはなかったように思います。書いていると自分も嫌になってくるので、気軽に触れたくなかったのかもしれません。

当時の私の心の悩みとは、指名されて本などを読まされると過剰に緊張して、声が詰まったり震えたりするというものでした。きっかけは中学二年の頃に、本を読んで何か失敗して笑われたことだったと思います。

それ以来、うまく読めるだろうかと不安になって恐怖症のようになり、自然に本が読めなくなってしまいました。中学の時は私のおかしな本の読み方を真似て茶化されたり、授業参観で本を読むのを指名されただけでドッと笑いが起こったりしたこともあります。その時は逆に、開き直って割と自然に読めたけれど、授業参観に来ていた父親は後で何も言いませんでしたが、なんで息子が指名されただけで笑われたのだろうと思ったでしょう。

中学では授業参観の事件で私の本読み恐怖症が周知のこととなってから、逆にほとんど自然に本が読めるようになっていきました。

しかし高校に入ると全員が初顔ですから、再び緊張して、息継ぎが自然にできずに変な所で中断したり、声がヨレヨレになったりしました。私の本の読み方の感想を先生に聞かれた生徒が、ズバリ「声が震えていた」と答えて、ガクッと落ち込んだこともありました。

本を読まされて恥をかくのではという恐怖症で、学校へ行くのが嫌になって先生に相談してみようかと思ったりしました。結局、相談することもなく、自分で読み方を工夫したり、上手に読めた時をイメージして読んだりして、様々な努力で高二頃からはだいぶ自然に読めるようになりました。

私の恐怖症は本を読む時だけでしたが、様々な恐怖症に悩む人がいると思います。人目が極端に恐くなって対人恐怖症のようになると登校拒否やひきこもりになることもあるでしょう。

対人恐怖症のように、日常生活に支障が出る精神的な症状を総称して、社会不安障害と言うようです。昨年、たまたま本屋さんで、社会不安障害の体験者が書いた本（別掲参考文献）を見つけ買って読んだのですが、いくつかの特徴的な症状が、かつての自分の症状と似ているなと思いました。他にも、強迫性障害やアスペルガー症候群の体験者が書いた本も並んでいました。私の場合は症状がいつも出るわけではなかったので、登校拒否などにはなりませんでしたが、一番悩んだ中二と高一の頃は社会不安障害だったのかもしれません。

社会不安障害は昔はあがり症などの性格の問題と思われて病気として認識されない面があったと思いますが、今は病院でのカウンセリングや服薬でかなり良くなる場合もあるようなので、学校へ行けないほど悩むのだったら受診したらいいと思います。

私もいろいろな職場で、何人もの同僚がうつ病などの様々な精神的な病気で休んだり、通院するのを見ており、こうした病気は決して珍しくはありません。

そして、自分の症状について全てのお医者さんが詳しいとは限らないので、できれば幾つかの病院を受診して、診療内容や相性なども考慮して病院を決めた方が良いようです。

他にも、受診の際に気をつけた方がいいことがいろいろとあるはずなので、同じ病気で悩む体験者の声を本やネットで調べて参考にするのが望ましいと思います。

多くの人が、こうした心の病気について相談することなどに抵抗を感じるのかもしれませんが、今は私達の頃より、いろいろな情報があるので、上手く活用すれば少しずつ良くなっていくことも十分あるのではないでしょうか。

こうした昔の、体の悩みも心の悩みも、あまり書きたくはなかったのですが、私の高校生活の重要な一部なので日記に加えてここでも書き足しました。

## ◇友人関係と恋愛

高校時代の友人関係については割と恵まれていたと思います。

私は人づき合いで積極的な方ではないけれど、クラスの下宿人グループと主に話し、他にも気の合う友達がいて、幸いにも友人関係で大きな悩みはありませんでした。

それでも、いつも話していた友人とケンカしたり、クラスが変わって疎遠になったりして、寂しい思いもしました。

その後、大学時代も友人関係は比較的良かったのですが、就職して二つ目の職場では、うまく仲間に入れず、疎外感を抱えたまま3年間を過ごすという経験もしました。30年以上を経た今でも、当時を振り返ると、少しやるせないような寂しさがよみがえります。

人それぞれ、様々な時代があり、おそらく半数以上の人が、そんな一人ぼっちの経験をするような気がします。今、寂しい思いをしていても、自分だけだと思うことはないと思います。

また、友人関係以外の他の問題でも、いろいろと悩む人は多いと思います。

どんな問題も、ちょっとしたヒントやきっかけで解決に向かうこともあります。私も大学時代に精神的に辛い時期があり、ゼミの先生に相談し、その一言で自分の考えが整理され、気持ちがかなり楽になった経験があります。

悩んでいる問題について、信頼する人や相談窓口に話してみたり、専門的知識や体験者の声を調べることで、良い方向に向かう可能性がかなり高くなるはずです。どれも特別なことではありませんが、これがしっかりと出来ていれば問題の多くは解決すると思っています。

女の子については、高校時代にも何人か気になる子がいましたが、すぐに目移りしてしまい、具体的な行動はなかなか出来ないという感じでした。受験の妨げになるという考えも少しありました。

高一の時はクラスの半分は女子でしたが、二年からは理系クラスになり八割以上が男子で、部活動もしなかったので女子との接点もあまり有りませんでした。

それでも下宿屋の隣の家の娘に、窓越しに声をかけたりして努力はしましたが、度胸試しという面が強かったと思います。この時の様子は日記に書いたので本文中にも掲載しています。

そして、私が女の子と初めてデートしたのは大学へ入ってからになりました。

結局、私の高校生活は女の子にもスポーツなどの部活動にも縁のない、受験中心の生活だったかもしれません。女の子とのつき合いも部活動も、ダラダラという感じでなく、メリハリをつけて短い時間を使うのであれば、受験への影響も少なくできるかとも思います。

でも受験勉強も中途半端だった私が、他の恋愛や部活動と両立することは難しかっただろうと思うし、半分以上の人は私と同じではないかと思っています。

将来のため受験も大事、そして青春も大事、必ずしも相反することではないはずだけれど、私も常に両者の兼ね合いに悩んだ日々だったと思います。

◇まとめ

三年間、受験に苦しんだり、いろんな悩みもあったけれど、学校生活や行事、友達と話したりふざけたり、何故か楽しかったことを中心に思い出される高校時代でした。

今も当時を振り返るとキャンディーズの『春一番』や、外国の曲だけれど一九七六年に田中星児が歌って日本で大ヒットした『ビューティフル・サンデー』などの軽快なメロディが頭の中を流れるような気がします。

人は記憶の中に良い思い出の方をなるべく残そうとするのかもしれません。誰にでも良き時代、辛かった時代というのは何度もやってくるのだろうし、これから先も同じに違いありません。

社会人をもう一度やれと言われたら、仕事や人間関係で苦労する事も多いので嫌だと答えるでしょうが、無邪気で、人生で最も前向きだった高校時代だったら、悩みも多かったけれど、もう一度やってもいいと答えると思います。

# あとがき

本書の出版に際し、まえがき他を含めて二十ページほどを書きました。

約三十年ぶりに少し長い文章を書いて、文章は内容がもちろん大事だけれど、リズムと勢いも大事だなと思いましたが、行うのは難しく感じました。日記と違って、誰かに読まれる事を意識して何度も修正していると、文章が逆におかしくなってしまい、筆がさっぱり進まず苦労しました。

それでも文章を書くのは頭を使うし、久しぶりに国語辞典を何十回も引いたり脳にはとても良い刺激になったと思います。原稿が出来るまで、準備期間を入れて正味約2年、更に出版までで半年程かかりました。ボケ防止というのも、今回、本を出す目的の一つでもありましたので有意義でした。


私は誰しもが一生に一度は本のようなものを残すべきだと思っています。エッセイでも詩でも俳句でも、そして小説でもマンガやイラストでも何でもいいと思います。一人で本を出すのは大変かもしれませんが、五人とか十人が共同で作れば十分できます。

例えば一人二十ページずつ書いて十人で二百ページの本を、安ければ一人十万円ずつ出して百万円くらいで出版できると思います。しかし実際は、五人前後が現実的かもしれません。

出版部数や本の質などで価格は違ってくるでしょうが、仲間の中に商売上手な人がいれば、黒字になる可能性も高くなります。

冊子のようなものでもいいと思います。

最近、中学校の頃の文集を読んだのですが、もう四十五年も前の冊子なのに紙もあまり黄ばんでおらず状態も良くて、本にも負けていない感じでした。一応、印刷所で製本されたもので紙も上質なものを使っていたのでしょう。

その文集は一人が五百字ほど書き、クラスの中で相手を見つけて、二人で一ページを自由にデザインして作り上げるというものでした。すべて手書きで題も自由、エッセイでも詩でも、イラストやマンガ、飾りなどを入れてもすべて自由で、一年に一回ずつ作成し、先生方も同じように何かを書いていました。

中一、中二、中三の頃の自分の文字や文章力、考えていた事や悩んでいた事がわかり、とても貴重な文集です。自分だけでなく兄弟や友達の文章を読めるのも有意義でした。

勉強の苦手だった兄が本当に自分で書いたのだろうかと思うような上手な詩を書いていたり、クラスでいじめられていた女の子の苦しい胸の内を知り、いつもニコニコして平気そうだったので気づかなかったけれど、それを読んで事の重大さを痛感させられた、というようなこともありました。

高校ではこういう文集のようなものはなかったけれど、大学のゼミでは卒業生を含めて自由参加で十冊近く刊行されていました。

こうした文集は仕事が忙しい時はともかく、時間に余裕ができると読んでみたくなったりします。中学校の先生も、文集は時とともに貴重なものになっていくと書いておられました。

学校やグループでも文集を作ってみれば大きな財産になるはずです。

私の経験では多少のトラブルが起こったりすることもありますが、ワイワイ集まって打ち合わせしたり飲んだりするのも楽しいと思いますし、文集ができた時の達成感もかなり有ります。

そして、本を出す際には、希望条件に合った信頼できる出版社を慎重に探す事が、特に重要だと思います。

私の場合は高校時代の日記を本にしたわけですが、未熟ではあったけれど人生で最も元気な時代のありのままの自分の思いを残せたことに満足しています。

日記が本として出されたものとしては、一九七一年に出版されて大ベストセラーとなった『二十歳（にじゅっさい）の原点』という本があります。女子大生が学生運動や恋に挫折し、自ら命を絶ってしまうまでの日々の心の移り変わりを記したものですが、私もちょうど二十歳の頃に読みました。

そして『アンネの日記』は誰しもが知っていると思います。学校の教科書にも載っていたと記憶しています。私も本を買って読みました。

共に悲劇を通して、青春や人生の価値を問いかける内容で私にも印象深い本でした。後者はもちろん今でも売っていますが、前者も久しぶりに本屋で見かけました。

こうした本を読んだことが、日記を本にしたいと思う動機になったのかもしれません。

その他、日記ではありませんが、私が高校時代に何度も日記の中で怖いと書いている核兵器による被害について書かれた印象に残る本が二冊あります。

広島の原爆投下直後の体験記とも言える本で、井伏鱒二の『黒い雨』と原民喜が書いた短編『夏の花』です。共に被曝した人々が体験した悲惨な状況が描かれています。

まだ読んでいない方は、よかったら一度、読んでみて下さい。

私も最近、改めて読んでみましたが、戦争や核兵器の恐ろしさ、そして何気ない日常の価値をより深く感じるように思いました。

幸いにも平和な時代に過ごした私の青春は、悲劇も幸運も特別な事は何もなく、ごく普通のありふれた日常だったかもしれませんが、今は多くの人がそんな青春を送るとともに、懐かしく、時には苦い思いで、若い日々を振り返るのだろうと思います。

これからも、平和で何気ない日常が続くことを願っています。

今回、本を出版することで一つの目標を達成することができました。皆さんも出来れば無理のない範囲で、自分の本を出すことにチャレンジしてみて下さい。

二〇一九年五月

# 参考文献等

「人口動態統計」厚生労働省ホームページ
「文部科学白書」文部科学省ホームページ
『ぼくは社会不安障害』伊藤やす　彩図社　２０１７

古江　康二（ふるえ　こうじ）

地方大学法学部卒業。団体職員として勤務後、早期退職。現在、第二の人生を模索する日々。

## あの頃、僕の高校生日記

2019年12月31日　初版第1刷発行

著　　者　古江康二
発 行 者　中田典昭
発 行 所　東京図書出版
発行発売　株式会社 リフレ出版
〒113-0021　東京都文京区本駒込 3-10-4
電話（03）3823-9171　FAX 0120-41-8080
印　　刷　株式会社 ブレイン


ISBN978-4-86641-288-7 C0095
Printed in Japan 2019


ご意見、ご感想をお寄せ下さい。

［宛先］〒113-0021　東京都文京区本駒込 3-10-4
東京図書出版